U0749385

# 跨文化视角下的言语行为研究

凌来芳 著

浙江工商大学出版社
ZHEJIANG GONGSHANG UNIVERSITY PRESS

**图书在版编目(CIP)数据**

跨文化视角下的言语行为研究 / 凌来芳著. —杭州：
浙江工商大学出版社，2016.6(2017.10 重印)

ISBN 978-7-5178-1700-0

Ⅰ．①跨… Ⅱ．①凌… Ⅲ．①言语行为－研究 Ⅳ.
①H0

中国版本图书馆 CIP 数据核字(2016)第 149009 号

**跨文化视角下的言语行为研究**

凌来芳 著

| | | |
|---|---|---|
| **责任编辑** | 张婷婷 | |
| **封面设计** | 王妤驰 | |
| **责任印制** | 包建辉 | |
| **出版发行** | 浙江工商大学出版社 | |
| | （杭州市教工路 198 号　邮政编码 310012） | |
| | （E-mail:zjgsupress@163.com） | |
| | （网址:http://www.zjgsupress.com） | |
| | 电话:0571-88904980,88831806(传真) | |
| **排　　版** | 杭州朝曦图文设计有限公司 | |
| **印　　刷** | 虎彩印艺股份有限公司 | |
| **开　　本** | 710mm×1000mm　1/16 | |
| **印　　张** | 8.75 | |
| **字　　数** | 152 千 | |
| **版 印 次** | 2016 年 6 月第 1 版　2017 年 10 月第 2 次印刷 | |
| **书　　号** | ISBN 978-7-5178-1700-0 | |
| **定　　价** | 31.00 元 | |

# 前　言

　　言语是一种行为,言语行为是普遍存于人类社会的一种现象,是人际交流的一种方式。人们无时无刻不在进行着言语行为,例如,人们在日常交际中所进行的道歉、请求、问候、拒绝等,都属于言语行为的范畴。言语行为不仅传递信息,同时还调节人际关系,是社会交往的基础。从 Austin 提出言语行为理论开始至今半个多世纪,言语行为理论日臻发展完善,他所提出的"言"即"行"的语言观打破了语言是用来"指"的传统意义理论的观点,从哲学的角度对语言交流的本质提出了自己的见解。自此以后,运用言语行为理论对语言现象进行研究分析是语用学研究的一个热点,各国学者们纷纷运用该理论结合本族语言或跨语言进行具体言语行为的研究。随着言语行为研究视阈的不断拓宽和深入,言语行为的研究更是出现多角度、跨学科的特点,语言学家越来越关注语言学理论在生活中应用的现实意义。

　　随着国际间社会交流的日渐频繁,人们开始认识到,不同社会文化背景的人们言语行为的表达方式与交际风格存在差异,交际双方可能由于对文化环境或情景因素缺乏共识,在交际时会出现这样或那样的误解和障碍,Austin、Searle、Leech 等在言语行为理论中提出的一些普遍性原则均不能很好地解释这些问题,因此正确地运用语用学相关理论来剖析各不同文化中言语行为的生成机制、实施策略等问题,对不同文化背景下的言语行为进行对比研究显得尤为迫切和重要。语用学研究的是现实的言语行为,而跨文化交际学研究的是不同文化对交际行为产生的影响,跨文化语用学作为两者的有机结合,是跨文化交际中研究言语行为最有效的途径之一。目前,跨文化对比语用学已得到学者们的广泛关注,既有对不同的语言在相似场合的言语行为的实施进行的对比研究,也有研究来自不同文化背景的人们在进行跨文化父际时的言语行为的特点。

本书旨在从跨文化与语用学对比这一角度出发,在问卷调查和访谈的基础上,采用定性研究与定量研究相结合、理论分析与实证分析相结合的方法,分析对比不同文化背景下几个典型言语行为的实施情况,结合言语行为理论、礼貌原则、人际关系管理等理论,来剖析不同的文化背景中言语行为实施方式的相似性和差异性以及这些差异背后存在的深层社会文化原因,让人们对不同文化背景下的言语行为有更清晰的认识,对言语行为的全貌有更加准确的把握,以期在跨文化交际中能有一定的指导意义。

本书的章节安排如下:第 1 章对言语行为的理论进行文献综述,重点对 Austin、Searle 言语行为理论的形成和发展、言语行为的实施条件以及分类等几个方面的内容进行重点阐述。第 2 章详细介绍本研究的理论框架——言语礼貌相关理论。20 世纪 70 年代以来,言语的礼貌现象引起越来越多的学者的关注,中西方学术界都对话语的礼貌进行了大量的研究,将其视为语言学、社会学、语用学等学科研究的重要内容。本章重点对礼貌原则、Brown & Levinson 的面子理论、中国文化中的礼貌与面子理论、人际关系管理理论等几个有影响的言语礼貌理论进行综述,不同社会文化对礼貌的评价标准不同,对言语行为实施方式的评价也会存在差异。第 3 章到第 7 章从跨文化的视角,分别对请求、邀请、拒绝、同情、道歉等几个日常交际中常见的典型言语行为进行具体分析,分析主要建立在访谈观察和问卷调查等形式所收集的语料基础之卜,发现各具体言语行为在不同文化背景中实施方式的异同以及影响各具体言语行为实施方式的社会文化因素,包括这些言语行为是如何界定的、同一个言语行为在不同语言文化中有什么具体特点和规律、哪些因素会对这类言语行为产生影响等问题都是这几章所要探讨的内容。

本书能够完成受惠于许多老师的启迪和帮助。由衷地感谢安徽大学外语学院朱跃教授和胡健教授在我读研期间对我学术上的指引,他们的鼓励使我更加明确了研究的方向。同时,本书在撰写过程中得到了同事和朋友的帮助,合肥工业大学的钱乐奕老师帮助整理和分析了第 7 章道歉言语行为相关的语料和数据,浙江金融职业学院贾文捷、陈艳丽老师帮助收集了第

5章拒绝言语行为的部分调查数据。另外,浙江金融职业学院的戴小红教授对本书提出了宝贵的意见并对本书的出版给予了大力的支持,浙江工商大学出版社的张婷婷编辑对本书做了认真仔细的编校工作,在此一并深表感谢!

由于客观条件的限制,加上作者的水平有限,本书中难免存在引述不够严密、引证疏漏之处,恳请读者批评指正。

凌来芳

2016 年 3 月

# 目　　录

# 言语行为理论概述

1

言语是什么,有哪些功能?人们对此有广泛的研究,也有各种不同的看法和见解。以 J. Austin 和 J. Searle 为代表的语言哲学家把言语看作是一种行为、一种活动,认为人说话实际上是在进行某种行为,并提出了他们著名的言语行为理论:言语行为指人们为实现交际目的而在具体的语境中使用语言的行为,强调说话时的语境与说话者的意向等语用学因素。言语行为理论自产生之日起,就在语言学界产生了很大的影响。其由 Austin 首次提出,后经过 Searle 的完善而成为现今语用学理论的基础。它打破了语言是用来"指"的传统意义理论的观点,将语言与"行"结合起来,提出了"言"即"行"的语言观。他们不仅研究了言语行为的含义、特征,尤其详细地研究了言语行为的分类,而且还对言语行为和意义的关系等问题做了深刻的探讨。根据 J. Austin 和 J. Searle 的观点,言语行为是建筑社会交往的基石,是日常对话的深层次结构。本章将从 Austin 和 Searle 提出的言语行为理论的概念、实施言语行为的条件以及言语行为的分类等方面对这一理论进行阐释,一方面能使大家对该理论的形成和内容有个全面的了解,另一方面为后续章节的言语行为跨文化研究打下理论基础。

## 1.1　言语行为理论的形成

20 世纪 50 年代,Austin(1955)针对当时盛行的逻辑实证主义语言理论,在研究日常生活中语言的实际使用状态,即对言语交际规律的解释的基础上,首次提出了言语行为理论,他认为,语言不仅是对客观世界进行描述的工具,而且本身就是一种行为,即言语行为。他认为:"说什么可能就是做什么,或者在说什么的同时我们在做什么。"(To say something may be to do something,or in saying something we do something)。Austin 认为说出来的话语形式是为了完成一种功能,这种功能就是"做什么",那么为什么要"做什么"呢?只有知道为什么要"做什么"的问题,我们才会找到语言到底"做了什么",即语言实施的行为到底是什么。Austin 在其论著《如何以言行事》(How to Do Things with Words)中明确表明言语行为理论的核心思想:说话即是做事,言即行。他指出人类语言交际的基本单位不应是语词或句子或其他语言形式,而是在言语行为的完成过程中构造出或者说出这些符号、语词或语句,也就是说是人们用词或句子所完成的行为,说话人只要说出了有意义、可被听话人理解的话语,就可以说他实施了某个行为,这个行为叫作言语行为。言语行为是语言交流的最基本的单位,其本质就是说话人借助话语传达交际目的或意图,完成行为式话语是言语行为的主要形式。"语言的功能首先是被用于完成言语行为,言语行为既体现了表明语言和经验世界的关系的意义,又体现了认识的活动。"因此,语言学研究的对象不应是词和句子,而应该是通过词和句子所完成的行为。原因有两点:第一,句子形式本身不能说明什么问题,如果想了解某句话的意义,我们必须了解说话者通过这句话所完成的整个行为;第二,从实用的角度来看,把句子看成言语行为的一部分来研究,可以为解决一些哲学上的争论提供依据。Austin 的言语行为理论的提出对以逻辑—语义的真值性为语言理解的中心这一观点是一种挑战。(戴炜栋,1997:125—126)

在 Austin 理论的基础上,Austin 的学生 Searle 进一步发展和完善了言语行为理论。他在《言语行为理论》(*Speech Act Theory*)一书中指出,言语行为理论的一个根本假设就是,所有的语言实际都与言语行为有关,言语行为是言语交际的基本单位,而传统语言学一直把符号、词或句子作为交际单位。他认为讲一种语言就是完成一系列的活动,所有的语言交流都包含言语行为,"说话就是实施言语行为如陈述、命令、提问、承诺等等"。这些行为符号根据特定的规则完成言语行为,因为说话是一种受规则制约的行为方式。同时,他又指出言语行为本身与用以完成言语行为而说出的话语不能混为一谈。Searle 还指出语言理论就是一种行为理论,因为说话是一种受规则制约的行为。他认为一种语言理论如果只研究语言而不研究言语行为,那么,这种理论就是不完整的。因此,可以说 Searle 的理论框架把言语行为融入了语言理论之中。Searle 所研究的言语行为是与语言紧密联系的。他指出"研究言语行为的合适方法是研究语言"。他研究的言语行为是以一条表述原则,即"欲意皆可用言表"为前提的。根据这条原则,说话人想要表达的任何意义都可找到一个相应的语言表达式来表达。同时,他把言语行为的分析同语言、意义、交际等问题结合起来了。在他看来,对语句意义的语义学研究与对言语行为实施的研究不是截然分开的。在一定语境中,实施言语行为的语句表达必须根据语句的意义进行。因为"一般来说,语句的表达所实施的言语行为是句子意义的一个功能",所以,"一般地,在恰当的语境中,说话者通过说话所实施的言语行为就可能单独由所说的句

子意义所决定"。（黄楚芬，2005）

正是在这个意义上，Searle 强调对句子意义的研究与对言语行为的研究是从不同角度出发所进行的同一个研究。因此，他把对言语行为的分析同说话者的意图、句子的意义、听话者的理解等因素结合起来研究。

## 1.2　言语行为实施的条件

### 1.2.1　Austin 对言语行为实施条件的认识

哲学界历来有一种假设：陈述之言（statement）的作用要么是描述事物的状态，要么是陈述某一事实。两者必居其一且别无他用，而陈述之言所作的描述或陈述非真即假，因此哲学家历来所关心的就是陈述之言的可验证性（verifiability），即如何验证某一陈述是真实的还是虚假的，以及一个真实陈述所必须满足的条件。Austin 则对此提出了质疑，他认为许多陈述之言并不是以描述或陈述为目的的。他认为，有一种言语虽然完全有意义，然而却无法判断真伪，如，"把书递给我"此句并无真假可言，而是通过话语在实施一种"命令"或"请求"的行为。因而并不能把此类话语看作是陈述或者描述，而应该看作是在"行动"，所以 Austin 把这类言语称为施为句，施为句虽然无真假可分，但是却有合适与不合适、得体与不得体之分。或者说，话语要成功地"实施行为"必须具备一定的合适条件。另外，话语实施的是什么行为和语境有关。如"你安静点吧！"到底是"命令"还是"建议"与实施这个言语行为的人及其语境有关。而另一种语言是陈述性的，可以叫作"叙述句"（是有真伪可分的）。（何兆熊，2000）

据此，Austin（1969）区分了两大类话语：叙述句（constative）和施为句（performative）。前者是可以验证真假的，而后者都是不能验证的，它们无所谓真假，它们是被用来实施某一种行为的。Austin 举了后来经常被引用的那 4 个著名的例子：（1）"I do."（用于结婚仪式过程中）（2）"I name this ship Elizabeth."（用于船的命名仪式中，当说话人把香槟酒瓶朝船尾掷去时）（3）"I give and bequeath my watch to my brother."（用于遗嘱中）（4）"I bet you sixpence it will rain tomorrow."（用于打赌）在特定情况下，特定的人说出上述这些话实际上构成了某些行为的实施，也就是说，说话人在说这些话的时候不是在做描述或陈述,而是在完成某一动作,如结婚、命名、遗赠、打赌。当然,这 4 个例子都是用于某些习俗化活动中的话语,但通过说话来做一件事的情况并不限于这些习俗化的活动,如"I promise ...""I warn ...""I apologize ...""I welcome ..."等句式,说这些话时说话人分别在实施"许诺""警告""道歉""欢迎"等行为。

Austin 认为要通过言语成功实施某一行为必须满足三个条件,他称这些条件为"恰当条件"(happiness conditions),这三个条件是:

(1)准备条件(Preparatory Condition),说话人必须是具备实施某一行为条件的人。例如,能给一条船命名的人必须是被授予这一权力的人,口中说"I name this ship ..."便能给这条船命名,而且,除了说话人必须具备一定条件外,还必须存在一条尚未命名的船,"命名"(name)这一行为才可能成功地得以实施。

(2)诚意条件(Sincerity Condition),说话人对自己要实施的行为必须抱有诚意。如果一个人口中说"I promise ...",但心中却丝毫没有去履行自己诺言的诚意,那么这样的许诺就是一句空话,说话人只不过滥用了言语行为的句式而已。

(3)根本条件(Essential Condition),说话人对自己所说的话不能反悔。例如,在做出了真诚的许诺后便不能食言。

然而,Austin 也清楚地看到,并不是每个施为句都能达到其目的,即并不是每一个以言行事都能带来以言成事,比如"I now pronounce you man and wife",如果是演员在电影里讲的一句台词,则收不到言后之果。为此,Austin 为言有所为且得以有效实施设立了一系列"合适条件"(felicitous conditions),它们是:必须存在一套能带来规约性效果的、被普遍认可的规约性程序;这一程序包括由特定的人在特定的场合所讲的话;在某一具体事件中,特定的人和特定的场所必须符合特定程序的要求;程序必须由对话双方正确而彻底地执行;该程序的提出是由于具有一定的想法或感情的人为了一定的意图,或为了给对方的行为产生一定的影响,那么该程序的参与者必须实际上存在那样的想法,而且参与者必须拥有一定的实施行为的打算;最后,还必须付诸实施。(Austin,2002)

Austin 认为,尽管施为句不存在真假问题,但我们仍可以从某些方面来判断它的可接受性。Austin 列举了几个影响施为句成立的因素:(1)说话者无权或无能力实施这一行为;(2)说话者不怀诚意;(3)说话者没有遵循一定的程序和规则;(4)没有一定的言后之果。Austin 把语言意义和语境紧密结合了起来,他的这一理论吸取了行为主义语义学的有益部分,尽管不十分成熟,但却为后人进一步探讨言语行为成功实施的条件和对某一言语行为进行确定提供了最初可以参照的雏形。

## 1.2.2　Searle 对言语行为实施条件的完善

Searle 在 Austin 理论的基础上,对言语行为的实施条件进行了修正和完善。Searle 在考察施为句的过程中发现,在日常言语交际中,有这样的情况出现,即说话者的话语意义与语句本身意义可能并不吻合,甚至毫不相关,或者说除了语句的字面语用力量外,还存在一种非字面的语用力量。因此,Searle 就界定了两个相对的言语行为概念,一种是由话语的命题意义表达的言语行为,即次要言语行为;另一种是在字面意义的基础上推断出来的,真正表达说话者意图的言语行为,即主要言语行为。他要解决的核心问题便是:听话者是如何通过次要言语行为推出主要言语行为的。对于这个问题的解决,学术界有三种解释的方法:习语论(idiom)、语境改变论(context-change theory)和推断论(inference theory)。Searle 认为次要言语行为推出主要言语行为的方式符合推断论,推断过程符合言语行为合适条件。他把使用语言看作是一种受规则制约的社会行为。为了进一步研究言语行为的规律性,寻找说话人表示语句意图及受话人了解说话人意图的规律,Searle 提出通过对下面这些条件进行分析,可以得出控制言语行为的构筑规则。Searle 的方法是,先确定圆满、成功地实施某一言语行为的充分和必要条件,然后从中提取有关"语势表现机制"的构筑规则。Searle 以"许诺"为例,确定了 9 条充分和必要条件:

条件一:存在正常的语言输入和输出的条件。

条件二:说话人通过所说的话表达一个命题。

条件三:在表达命题时,说话人言及一个他自己将要做的动作。

条件四:说话人许诺要做的事,是符合听话人的意愿的,说话人也相信,他所要去做的是符合听话人的意愿的。

条件五:说话人和听话人都不认为说话人所许诺要去做的事是他通常要做的。

条件六：说话人意欲去做他许诺的事。

条件七：说话人想要通过话语把自己置于做某事的义务之下。

条件八：说话人要使听话人知道，他所说的话应该被理解为他把自己置于做某一件事的义务之下，为此，说话人想使听话人通过对他所说的话的意义的理解来认识他的意图。

条件九：在条件一到八存在的情况下，说话人和听话人所使用的语言的语义规则，说话人所说的话是被用以做出许诺的。（何兆熊，2000）

在这九个条件中，有些条件是成功地实施任何一种言语行为所需要具备的一般条件，它们规定了进行语言交际所必需具备的客观条件和语言本身所具备的条件。其他几个条件却是成功地做出许诺所必须满足的，是许诺这一言语行为所特有的条件，正是这些条件的满足使许诺有别于其他言语行为。此后，在这基础上，Searle 进一步把这几个条件最终归纳为实施言语行为的四种条件：

（1）命题内容条件（propositional content condition）：行事要点附加到命题内容上的条件，即说话人言及一个他自己将要去做的动作。

（2）准备条件（preparatory condition）：决定言语行为能成功完成的条件，如说话人相信他所要做的事情是符合听话人的利益的，但这种事并非是他经常所做的。

（3）真诚条件（sincerity condition）：一个人做出一个有命题内容的言语行为时，总是伴随着某种心理状态，即说话人意欲做这一动作。

（4）根本条件（essential condition）：言语行为内部来表征这类行为的根本条件，如说话人承担起做某一件事的义务。

根据这些条件的差异可区分不同类型的言语行为。

## 1.3　言语行为的分类

### 1.3.1　Austin 对言语行为的分类

Austin 在对叙述句、施为句的区别进一步探讨的过程中，发现这一区别并不尽人意。Austin 认为讲一句话仅构成一个言语行为是极端错误的。他认为，任何一个行为都由三个层次构成。行事行为的图式是：In saying x, I was doing y.（Austin,1969:122）比如:设 x = I will come tomorrow,y = promise,那么将 x 和 y 分别代入图式就得到:In saying "I will come tomorrow", I was making a promise. 说话人说出"我明天会来"的同时,做出了一个许诺,这里的"许诺"就是一种语力。如此看来,行事行为首先必须是一个说话行为,但说话行为却不一定是行事行为。取效行为就是在发出说话行为和行事行为的同时带来的后果,Austin 对取效行为所做的图式是:By saying x and doing y, I did z. 例如:设 x = I will come tomorrow,y = promise,那么将 x 和 y 分别代入图式就得到:In saying "I will come tomorrow" and I was making a promise, I reassured my friends. 说话人说出"我明天会来"做出许诺,结果是使朋友放心,这个"使朋友放心"就是行事行为产生的效果或影响。从以上两个图式可以看出行事行为和取效行为的差别:前者是说出 x 的同时实施 y,即 x = y,而后者是实施 y 后达到的实际效果,即 z = x + y;另外,行事行为是一种规约行为(conventional act),而取效行为却不是规约行为,其效果或影响是大还是小取决于具体的交际语境。(Austin,1969:122)进而 Austin 把整体的言语行为分为三个层次,即认为在说什么时,我们可能以三种基本的方式在做些什么,即言语行为的三分说,力求使言语行为理论具有更为普遍的涵盖性。他认为,所有句子都可以被看作为施为句,而每一个施为句都包含着三种言语行为:

（1）言内行为(locutionary act),运用发音器官,说出某个具有意义的语句的行为(saying something)。

（2）言外行为(illocutionary act),所谓言语施事行为,在发话行为的同时,表明说话的意图,即"表达"行为,包括言外之意。Austin 用公式在说 X 当中,我在做 Y 事情(In saying, I was doing Y)表示这种行为。如"在说'我明天会来'当中,我正在做许诺"(In saying "I will come tomorrow", I was making a promise)。在这里,说某件事情(saying something)是言语行为,而许诺(promise)是指在说话中所实施的言外之行,即在说"我明天会来"(I will come tomorrow)中行许诺之事。

（3）言后行为(perlocutionary act),指言语行为或行事行为在听者身上产生的某种效果。例如"Give me something to drink, please."是用祈使句型表达请求的言语行为,其言内行为就是用发音器官说出这一连串有意义的声音,言外行为是说话人请求听话人提供某种物品或服务,言后行为是听话人给说话人一杯水或拒绝提供服务。

具体地讲,言语行为可以分为道歉、抱怨、请求等典型的以言行事的行为。其中,"言外行为是言语行为理论的主要焦点,实际上,它本身指的就是言语行为"(Barron,2003:12)。言外行为甚至成为言语行为的代名词。(Levinson,1983:236)Austin 在提出了言语行为三分说之后,就开始关注言语行为的分类问题。他采用典型的施为句形式(即第一人称单数主语、现在时态、直陈语气、主动语态的句子)作为测试框架,施为行为是 Austin 重点研究的内容,施为行为解释了"语言的使用"(use of sentence),即人们用语言做什么的问题。Austin 假定施事动词与行事语力(illocutionary force)是一一对应的关系。Austin 把英语动词放到其中,观察其行事语力,并以此为依据将行事行为分为五大类型:

(1)裁决型(verdictives),根据所掌握的事实或理据对客观情况做出判定,包括描述(describing)、估计(estimating)、推断(reckoning)、开罪(acquitting)等。这类行为的有效性完全可以用所判定的命题内容的真值去衡量。如果被描述的内容是符合事实的,那么该描述行为就是有效的。

(2)行使型(exercitives),做出做某事或不做某事的决定,包括任命(appointing)、建议(advising)、开除(excommunicating)、判决(sentencing)等。行使型和裁决型有明显的区别,前者是要令客观情况按决定的内容发展,语力的作用方向是从语言内部到语言外部,而后者是令裁决的内容符合客观情况,语力的作用方向是从语言外部到语言内部。

(3)承诺型(commissives),说话人承诺要做某事,包括答应(promising)、保证(guaranteeing)、意欲(Intending)、发誓(swearing)等。这类行为用来约束说话人下一步的行为或令其承担义务(commitment),承诺语力的唯一受力点确定为说话人。

(4)阐述型(expositives),阐明观点、澄清话题或解释语义,包括指称(referring)、确定(affirming)、否认(denying)、证明(testifying)等。阐述型行为的内容限于语言内部,阐述语力的作用方向是从言语到客观事实。

(5)行为型(behavitives),对他人的言行、境况、态度等做出表态,包括道(apologizing)、感谢(thanking)、祝贺(congratulating)、欢迎(welcoming)等。这类行为主要是心理上的,具体内容由听话人或第三方的情况和说话人的态度共同决定。

但是,由于 Austin 是根据行事动词的类型给施为行为分类,即通过施为词语的词汇义给施为句分类,所以存在两个问题:一是并不是所有的施为句都有施为动词(Austin 称之为"程式化词语"),这样就很大程度上缩小了言语行为的范围;二是根据施为动词的词汇意义来代替行事语力是不准确的。根据不确定的标准给施为行为分类是缺乏理据性的。Austin 本人对这个分类也不满意。这个分类主观随意性太强,缺乏比较可靠及可鉴定的标准,因此接受的人不多。(姜望琪,2003:43)尽管他的看法并不成熟,但无可否认他是这一理论当之无愧的创始人,他的一些看法为后来的研究奠定了基础。(何兆熊,2002:94)

## 1.3.2 Searle 对言语行为的分类

Searle(1976)认为施为行为的分类对象应该是行事语力,而不是动词,并指出 Austin 的分类有六点不足。首先,它混淆了以言行事行为与以言行事的动词之间的关系。Austin 似乎认为,对各种动词的分类就是对各种以言行事行为的分类,任何两个不同义的动词必定标志不同的以言行事行为。Searle 不赞同这种观点,认为一些动词标志的是一种以言行事行为完成的方式,而不是一种以言行事行为。如"宣布"就不是以言行事行为的名称,而是完成以言行事行为的方式。其次,Austin 所列举的动词中有一些不是以言行事的行为,如同情、意味、将要等。再者,这个分类没有一个清楚的、一贯的或一组原则,作为这种分类所依据的基础。Searle 认为这是 Austin 这种分类法的最重要的缺点。不过,他指出只有在承诺式中 Austin 才清楚且一贯地以语力作为一个类别定义的基础。但行为式在 Searle 看来包含了对于说话者和听话者态度的概念,如什么是好的,什么是不好的。而且,由于这种分类没有清楚的原则,加上混淆了以言行事行为和以言行事动词,因此,在一类与另一类之间出现许多交错重叠,在某些种类内部出现许多异质成分。如"描述",Austin 同时把它列入判定式和阐释式中,把"挑衅""反抗"等归入行为式。Searle 认为这些词必须与听者接下来的行动相联系,属于命令、要求、禁止之类的词。在各个种类中并不是所有列举的动词都满足所下的定义,即使我们以相当宽松的方式来理解这些定义也如此。为了使言语行为的分类更加清晰明确,Searle 在进行新的分类之前对新的分类标准进行了更为细致的规定,他的标准涉及从言外之的(illocutionary point)到语力行为的实施风格（style）12 个维度（dimensions）。其中 Searle 从言外之的（illocutionary point，言外行为的目的不一样）、词语与世界的适切方向（direction of fit between words and world，有些言语行为的目的是让词句适合于外部世界，另一些是让外部世界适应语句）、表达心理状态（expressed psychology states）三个主要方面对 Austin 的五类言语行为进行了修正，把言外行为（以言行事行为）重新分成了五个大类：

（1）阐述类（representatives）。阐述类的言外之的是使说话人对所表达的命题的真实性做出承许，也就是说他必须相信自己所说的话的真实性；其要旨或目的在于使说话者在不同程度上有责任承认某件事如此这般，承认所表述的命题的真理性。这一类言外行为的适从向是从话语到客观现实；所表达的心理状态是相信。英语中用于这一类型的最普通的行事动词是 state、assert、claim 等。有些动词具有更强的语势，如 swear，语势较弱的有 guess、hypothesize 等。这一类言外行为具有可验证性，大体上与 Austin 最早区分的言有所述的话语相一致。

（2）指令类（directives）。指令类的言外之的是说话人试图让听话人去做一件事；它的适从向是客观现实适从话语；所表达的心理状态是希望或者愿望，命题内容始终是听话者做出某个未来的行动。英语中常见的属于这一类别的行事动词有 beg、request、advise、invite、suggest、insist、order、demand 等，它们具有明显的语势，目的在于探询信息的提问，可算是一种特殊的指令类言外行为，因为说话人提出问题便是要让听话人作答。他认为 Austin 列入行为式的一些动词如威胁、挑衅、挑战等属于这一类，而 Austin 列入执行式的许多成员也属于这一类。他还认为询问是指令式的一个类，因为它是说话者试图使听话者回答，也就是使完成一种言语行为。

（3）承诺类（commissives）。承诺类的言外之的是使听话人对某一未来的行为做出许诺，其要旨在于使说话者有责任在不同程度上去做某件未来的事情。适从向是从客观现实到话语；所表达的心理状态是意欲，命题内容始终是说话者做某件未来的事情。常见的行事动词有 promise、undertake、vow 等。这一类和指令类具有同样的适从向，但它们在言外之的这个侧面上相异。

（4）表达类（expressives）。表达类的言外之的是对命题内容中所表明的某种事态表达说话人的某种心理状态。这一类言外行为没有适从向，因为它们不存在适从向这个问题,说话人既不想通过说话来引起客观世界的改变,也无需使自己的话语符合客观现实。命题内容的真实性是实施这一类言外行为的前提。在完成表达类行为时,所表达的命题的真理性已被预先假定。命题内容在于把某种特性(不一定是行动)或者归之于说话者,或者归之于听话者。在表达式的命题内容中所说的特性必须或者与说话者有关,或者与听话者有关。例如,当我们因为踩了别人的脚而道歉时,我们说话的目的既不是要陈述踩了别人的脚这个事实,也不是做出许诺去踩他的脚,踩了别人的脚这一动作的真实性已经被确认,我们只是要对客观事实表示自己的态度或心理状态而已。属于这一类别的行事动词包括各种表达不同心理状态的动词:apologize、congratulate、thank、sympathize、condole 等。

(5)宣告类(declarations)。宣告类的言外之的是使客观现实与所表达的命题内容一致。命题所表达的事态是通过以言行事的力量的指示手段而得到实现或得以存在的。这一类型的适从向明显地是使客观现实符合所说的话语,但它与指令类、承诺类不同,宣告类的言外行为使客观现实按照所说的话语发生的变化是即刻的、瞬息之间的,几乎在说话的同时,这种变化便随之发生了。换句话说,就是人们宣告某个事态的存在而使这个事态得以存在,可以说"说话使某事成为如此这般"。例如:I declare the meeting open;I fire you;I appoint you chairman of the committee。宣告类是一类比较特殊的言外行为,对于每个宣告式除了语言的构成规则外,还涉及超语言的机构及其构成规则体系,而且说话者和听话者必须在这种机构中占有特殊的位置,如此才能成功地完成宣告式。如,只有教皇宣布把某人革除教籍才会生效,只有老板解雇一个职员才会生效,只有特定的人如大会主席才能通过说"I declare the meeting open"来使会议开始。(何兆熊,2002:105—106)

Searle 认为,话语的命题内容和言外之力交际意图之间的区别是确定言语行为种类的前提,任何以言行事行为都包含命题内容和言外之力,这样,就可看到不同类型的以言行事行为之间的区别。此外,他试图说明施事行为的五种类型在深层上都与句法结构有着内在联系,从而证明语言的游戏或语言的用法数量上不是无限的,而是可以给以充分解释的。Searle 最后总结说:"维特根斯坦及其他许多人所说的语言存在无限众多的用法或游戏,这种幻觉是由于人们对于把一种语言游戏或语言用法划分开来的标准没有搞清楚。如果我们把以言行事的要旨当作依据以区分语言用法的基本概念,那么,我们使用语言所能做的事情是相当有限的。"因而,他的言语行为构成规则被认为是人的语言能力的一部分,与乔姆斯基的理论相似。(黄楚芬,2005:11—12)

尽管 Searle 的分类仍然是相当概括的,各家反应褒贬不一,但他的分类具有一定的科学性是迄今为止公认比较合理的,广泛地为人们所接受和应用。

# 1.4　间接言语行为

## 1.4.1　间接言语行为理论的提出

在 Austin 言语行为理论的基础上,Searle 于 1975 年提出了间接言语行为理论(Indirect Speech Acts),即一个言外之力的实施间接地通过另一个间接言语行为的实施来实现,这是他对发展言语行为理论做出的一个重要贡献。Searle 从言语行为的角度对语言使用中"转弯抹角"地间接表达自己意图的现象进行了研究,他首先注意到间接言语行为,提出直接言语行为和间接言语行为的区别。Searle 认为,当一个施事行为间接地通过另外一个言语行为表达时,间接言语行为就发生了。我们知道,句子的形式与功能之间并不存在绝对的一一对应关系。在日常语言的使用中,人们只要稍加观察便可发现语言具有间接性。也就是说,为了讲求礼貌,在想让对方做某事时,人们常常不直接使用命令式,而往往通过间接的方式去表达自己想说的话,"转弯抹角"地说出自己的意图,这种现象即为语言的间接性。间接言语行为理论集中研究语句在交际语境中不表现于字面上的间接交际意图。间接言语行为实际上是"通过实施另一种言语行为来间接地实施某一言语行为"(Searle,1975:60)。与 Austin 显性施为句和隐性施为句的提法不同,Searle 认为形式上不明显但仍然是一个施为句或者形式上是一种施为句却执行了另一种施为句的功能这样的现象属于间接语言现象,于是他提出了"间接言语行为"的概念。人们表达和理解间接言语行为的四条依据是:共同具有的背景信息,听话人的理解判断力,言语行为理论,会话合作的一般原则。

　　Searle认为间接言语行为就是"通过实施另一种言语行为来间接地实施某一种言语行为"(Searle,1975:60)。人在讲话的时候,所说的和所做的有时是一致的,例如有人问我"What's the date today?",我的回答是"It's Jan. 5th, 1987",如果我的话仅仅是回答他的问题,给他提供他所想要得到的信息,那么我所说的与我所想要说的是完全一致的,这里就不涉及语言的间接用法。但是人们所使用的语言并不总是这样简单,在不少情况下,人们所说的与所想要说的之间有距离。例如,某人说"It's cold in here",如果他的意图只是想告诉听话人在说话这一时刻他所处的那一地点的气温情况而别无他意的话,那么他的语言是直接的;如果他的意图是想通过告诉听话人他对气温的感觉来促使他做点什么,如关上窗子、点上炉子等,那么他的语言是间接的。他在说这句话的时候,实际上同时实施了两个言外行为:一个是陈述,另一个是指令。他是通过实施陈述这个言外行为来间接地实施指令这一言外行为的,陈述是说话人的手段,指令才是他的真正目的。(何兆熊,2002:124)

　　Searle(1975)在《间接言语行为》一文中,认为,间接言语行为是指说者说出一个既意指他所说的,又意指更多的话。通过对间接言语行为的研究,Searle分析了"话语意义"(utterance meaning)和"句子字面意义"(sentence literal meaning)不完全一致的情况。他指出,在间接言语行为中,听者要特别注意发现说话者的话语意义,因为话语意义是随着语境的不同而不断发生变化的。Searle认为,要理解间接言语行为,首先要了解"字面用意"(literal force),然后从"字面用意"再推断出其间接用意,即句子间接表达的"言外之力"。例如:"Can you pass me the book?"这个句子如果按其字面意义去理解,那么它是"询问"听话人是否具有递书的能力。然而,这并非该话语的施为用意,此话语实际上是用以表达"请求"这一言语行为的典型结构。换句话说,上述例句所表达的就是间接言语行为,即通过一个言语行为("询问")来间接地实施另一个言语行为("请求"),这就是语言使用中语言的间接性现象。Searle认为,这样的句子往往具有两种语力:字面之力和言外之力。Searle把表达说话人真正意图的施事行为叫做"首要施事行为"(primary illocutionary act),把说话人为实施首要施事行为所实施的另一种施事行为叫做"次要施事行为"(secondary illocutionary act);次要施事行为和话语的字面语力相吻合,首要施事行为的间接语力则是通过字面语力推导出来

的。（齐品，2004:109）

次要言外行为是无须考虑语境的句子字面的意义，而首要言外行为却要结合语境考虑说话人的意义。针对这一点，Searle 通过下面这一组对话来解释间接言语行为：

Student X：Let's go to the movie tonight.

Student Y：I have to study for an exam.

由上可知，X 的话语是一个建议，而 Y 的回答就其字面意义来说只是个陈述。然而，根据 Searle 的十步推理，在这个特定语境，Y 的回答就表明了对 X 的建议进行"拒绝"这一真正意图。也就是说，Y 的答语的首要施事行为——"拒绝"是通过实施"陈述"这一次要施事行为得以实现的。在这个过程中，表达意义的机制包括双方的背景信息、言语行为理论和某些会话原则。Searle 对间接言语行为理论的解释很大程度上解决了语句的字面意义和说话人的施为用意的关系问题，揭示了语句的结构与功能之间存在着多元关系。

学术界对于间接言语行为的解释和判断有两种不同的理论，一种是习语论（idiom theory），另一种是推理论（inference theory）。前者从约定俗成的角度认为间接言语行为是固定用来实施某些功能的习惯用法或语言形式，这些话语应被视为整体，而不应对其构成成分进行分析。就像习语"kick＋the bucket"是"die"的一种表达形式，"Can you＋V?""Would you please＋V?"等句型在英语中已经被约定俗成地看做是实施请求言语行为的表达形式。习语论者试图通过习惯用法在某些语言形式与它们间接地实施的功能之间建立起联系，以此来解释语言的间接用法。推理论者包括 Searle 从假设的角度则认为应该假设听话人经过一系列的推理步骤才从言语的语义形式推导出说话人的真正意图。他认为"在实施间接言语行为时，说话人依赖交际双方所共有的包括语言和非语言的背景知识，以及听话人的逻辑推理能力向听话人传达言外之意"（Searle，1975:60—61），推理论首先区分了话语的字面意义和话语的言外意义这两个层次，然后假设了一系列的推理步骤从一个层次推导到另一个层次。推理论强调语境因素在理解言语行为中的作用。不论一句话语是以什么样的句子形式出现，依赖一系列语境因素、语用知识和听话人的推理能力，交际双方总能够合情合理地推导出它在特定的语境中所具有的言外之意。但是 Searle 一定程度上在言语行为的研究中也接受和吸取了习语论的观点,他对间接指令行为进行了研究,归纳出六大类间接指令(Searle,1975:65—67)。由此可知,习语论和推理论并不是截然对立的,实际上将二者结合起来理解间接言语行为是很好的:一种形式的语言本来与某种功能没有必然的联系,但在日常生活中被频繁使用后就渐渐被固定成习语,只要我们避免习语论中对语境因素的忽略,将习语论与推理论的合理内核结合起来就可以更好地理解间接言语行为。(文兵,2010:19—21)

## 1.4.2　Searle 对间接言语行为的分类

根据间接言语行为理论,Searle 将间接言语行为习惯上分为两类,即规约性(conventional)间接言语行为和非规约性(non-conventional)间接言语行为。规约性间接言语行为是指对"字面用意"做出一般性推测而得出的间接言语行为。规约性间接言语行为的应用主要是出于对听话人的礼貌。这类间接言语行为已经形成一种习惯用法或形式。也就是说,规约性言语行为是已被约定俗成地表达了的间接言语行为,其话语的字面意思与说话人的真正意图基本一致,听者只要稍作推导便可得知说话人的真正意图。例如:

(1) Would you mind opening the window?

(2) Could you pass me the pen?

(3) 1 would appreciate if you could turn off the light.

(4) 1'd rather you didn't do it any more.

上述表达"请求"的例句在日常交际中非常常见。听者可以非常容易地理解说话者间接表达的意义,即"请求"自己去做某事。而这类间接言语行为是人们很容易理解和掌握的,在交际过程中基本不会造成交际失误。然而,与规约性间接言语行为相比较,非规约性间接言语行为更为复杂和不确定,它更多地取决于说话双方共知的背景信息和所处的语境。这类间接言语行为并非常常使用比较固定的表达法来表达自己的意图,致使语句字面上的意义与说话者的实际用意相差甚远。例如:

The bell is ringing. Students in class A are talking when the teacher comes in.

Teacher:There is much noise here.

Students:Yes, there is.

Teacher：Would you be a little more quiet?

Students：All right, sir. (stop talking)

在此例句中,教师首先是用一个非规约性间接言语行为的句子,意欲让学生安静下来,但是学生并没有领会老师的真正意图。于是,教师再用一个规约性间接言语行为的句子来表明其意图,学生最终得以领会老师此番话的目的。由此可见,非规约性间接言语行为比规约性间接言语行为的间接性程度要大,听话人必须做出正确的推理才能理解说话人的意指。Searle认为:"在间接言语行为中,说话人依赖他们彼此分享的语言和非语言背景信息,加上听话人一方的一般推理和和推断能力,说话人与听话人所交流的要比说话人实际说出的要多。"(Searle, 1975：31—32)换句话说,间接言语行为要解决的问题是:说话人在说出的一句话里表示了一定意思的同时怎么会又表示另外的意思?听话人在听到话语之后又如何理解说话人要表达的那层意思的?针对这些问题,Searle的解决办法是:在间接言语行为中,说话人能让听话人明白话语的字面意思之外的用意,所依靠的是他同听话人共知的背景信息,这种信息包括语言的和非语言的,并且还要考虑听话人的推理能力。此外,要正确理解间接言语行为,我们还需要借助言语行为理论以及合作原则才能充分理解说话人的真正意图所在。

总之,间接言语行为理论不仅深化了对语用意义的理解,使得话语的语用研究更有解释力,并且对交际主体产生足够关注,从而综合了语境、会话准则和礼貌原则的应用,也给予了它们充分的解释,使得语用问题的多种因素在一个较高的层面得到整合。

## 本章结语

以上介绍的主要是两位哲学家对言语行为理论的探索。虽然也有很多语言学家对这一理论发表过很多见解,但他们并没有突破 Austin 和 Searle 所建构的理论框架。可见,言语行为理论的贡献是不可否认的,言语行为理论可以解释句法学、真实条件语义学等学科无能为力的很多语言现象,毫无疑问,言语行为理论对语言研究具有巨大的启发意义,它为我们对语言本质的理解和解释提供了一个新的视角,为语言研究提供了新的途径。但任何理论又都存在不完备性,在一定程度上,Austin 与 Searle 都坚持言语行为的规约性或惯用性,但 Searle 同时强调了意向性(intentionality)。他认为,礼貌是使用间接言语行为最重要的动因,不过他忽略了影响言语行为礼貌程度的社会文化特征。继 Austin 和 Searle 的研究之后,很多语言学家从礼貌原则、面子问题等各个不同的角度对这一理论进行了阐释。

# 言语礼貌相关理论

2

　　言语交际是一种双边的或多边的言语行为,是一种社会行为,为保证交际的顺利进行,言语交际必须受制于一定的社会规范,人们的言语行为必须遵循其社会群体所共享的言语规则或言语基本使用规则。言语礼貌是被视作保证交际顺利进行、维护社会平衡以及友善和睦关系的交际准则。很多语言学者,尤其是社会语言学中,对各文化的言语礼貌准则进行过专门研究。其中对礼貌研究产生重大影响的分别有面子理论以及礼貌原则等,它们分别从说话人的自主性/强加性,以及损/益的角度出发,阐释言语礼貌现象。礼貌是各社会群体所共有的普遍现象,也是一种复杂的社会文化现象。言语礼貌历来都是语用研究中的热点,也是研究跨文化中言语行为的重要理论基础。本章对影响言语行为实施的礼貌相关理论进行探讨,以期为后面章节的具体言语行为的研究分析提供理论支撑。

## 2.1　礼貌原则

### 2.1.1　Leech 的礼貌原则

　　Leech 之所以要提出礼貌原则,是因为他对言语行为论(Speech Act Theory)和 Grice 的合作原则(the Cooperative Principle)都不满意,认为这两种理论还不能解释语言运用中的全部现象。

　　Leech 对言语行为理论批评较多,关键之点是话语中的行为很难确定,他认为言语行为是一种不断变化的、延续的变量,取决于许多语言之外的因素。他认为,以语言中的行为动词为依据来划分言语行为是靠不住的,行为动词与其他语言单位一样,都是自然现象和社会现象的任意切分。Leech (1983)认为,在确定某种言语行为是命令,或请求,或劝告,或主动帮忙时,有四种因素必须考虑:第一,要看对谁有利,对谁无利;第二,要看给听话人多少选择权;第三,要看言语行为的间接程度;第四,要看客气程度,这是前三种因素的结果。一种行为对听者越有利,越客气,给听者的选择余地就越大,越客气,越间接。因此,根据言语的言外功能和在言语活动中维持良好人际关系这一社会目标之间的相互关系,Leech(1983)把言外行为分成四大类:竞争类(competitive)、和谐类(convivial)、合作类(collaborative)、冲突类(conflictive)。具体阐释如下:

(1)竞争类,指的是语言的言外功能与社会目标相互竞争的言外行为,如命令、请求、要求、乞求等。这类言语行为本质上就是不礼貌的或失礼的,因为不论以什么样的口吻去说话,说话人都是想让听话人按照他的意志去做某一件事。说话人想要达到的目的和礼貌的要求之间的关系是不协调的。正因为如此,说话人更要注意礼貌地使用语言以减少他的首要言外行为的非礼性。

(2)和谐类,指的是在语言活动中,听话人是受益者的言外行为,如提供、邀请、祝贺、致意、致谢等等。在这些言外行为中,言外之的和礼貌是一致的,它们之间的关系是和谐,本质上是礼貌的。

(3)合作类,指的是以交换信息为主要目的的言外行为,如声言、报告、宣称、传授等。交际双方所关注的是信息本身,是如何最有效、迅速以及最大限度地传递信息。这类言语行为要求交际双方高度地合作,最大限度地遵循合作原则。Leech 认为这类言语行为并不过多牵涉礼貌问题,礼貌是无关紧要的。

(4)冲突类,指的是言外功能与社会功能互相冲突的言语行为。例如威胁、指责、责骂等。这类言语行为本质上是不礼貌的,在实施这类言语行为时,根本无礼貌可言。

对于合作原则,Leech 认为,合作原则只能约束我们在交际中说什么和如何理解对方的言外之意,但不能解释人们为什么使用如此大量的间接言语行为,而且也无法解释清楚现实生活中人们有时故意违背合作原则的现象。对此 Leceh 认为,出于对礼貌的考虑,人们才故意违反合作原则。因此他在合作原则的基础上,从修辞学、语体学的角度出发,提出了礼貌原则。礼貌原则被看作是对会话含义理论的补充,它就是在其他条件相同的情况下,将不礼貌的东西减少到最低限度。理想状态下的言语交际是既遵守合作原则又符合礼貌原则,在实际的交际状态下,我们是在两者之间找到一种平衡,我们达到了某种平衡,交际便实现了。选择平衡的方法便是言语交际策略决定的。并且他进一步说明,有时候交际双方有意违反合作原则,目的不是让交际失败,而是另有企图,这时产生的便是"会话含义"。其核心思想就是说话人尽量让自己吃亏,多给对方一点方便,从而使对方在交际中感到被尊重,反过来,说话人也因此取得对方对自己的好感。

Leech 的六大礼貌原则的准则如下:

(1)策略原则又称得体准则(Tact Maxim):用于指令和承诺。

①尽量少让别人吃亏　　　　　　②尽量让别人多得益

(2)慷慨准则(Generosity Maxim):用于指令和承诺。

①尽量少让自己得益　　　　　　②尽量多让自己吃亏

(3)赞誉准则(Approbation Maxim):用于表情和表述。

①尽量少贬损别人　　　　　　　②尽量多赞誉别人

(4)谦逊准则(Modesty Maxim):用于表情和表述。

①尽量少赞誉自己　　　　　　　②尽量多贬损自己

(5)一致准则(Agreement Maxim):用于表达。

①尽量减少双方的分歧　　　　　②尽量增加双方的一致

(6)同情准则(Sympathy Maxim):用于表达。

① 尽量减少对方的反感　　　　　②尽量增加对方的同情

与此同时,Leech(1983)还提出了礼貌的层级:损惠层级(cost-benefit scale)、间接层级(indirectness scale)和选择层级(optionality scale)。损惠层级涉及言语行为的命题内容,间接层级和选择层级涉及言语行为的形式。在命题内容损及受话者时,话语越间接,供受话者选择的余地越大,话语就越礼貌;当惠及受话者时,直接的话语也是有礼貌的。他还认为,"有些言语行为(如'命令')具有内在的不礼貌性,有些(如'提供')具有内在的礼貌性"。"内在的礼貌性"和"内在的不礼貌性"就暗示了语言总是礼貌的或总是不礼貌的。

Leech 的礼貌原则虽然有一定的概括性和普遍性,但是他是建立在英语文化背景之下的,礼貌策略作为社会广泛使用的交际手段,它的内涵、方略、所涵盖的准则等众多方面可能会因不同的文化而存在差异,不能一概而论。而且,Leech 的礼貌原则所包含的礼貌准则有重叠之嫌,比如得体准则和慷慨准则、赞扬准则和谦虚准则,并且经常地使用"最大限度"(maxim)、"最小限度"(minim)等绝对化的词语,而没有考虑到在一定的语境中可能决定礼貌程度的诸多因素。(王建华,1998)从语用学角度来说,虽然该原则的适用性存在局限性,但是他为后续的言语礼貌相关理论的研究打下了基础,在众多语言学家眼里,"礼貌原则"对语用学的研究有重大的学术价值和实践意义,对语用学的发展做出了一定的贡献。

### 2.1.2 中国文化中的礼貌原则

#### 2.1.2.1 徐盛桓的礼貌原则

徐盛桓(1992)对 Leech 的礼貌原则进行了深入分析和探讨,提出了不同的意见,他认为 Leech 的礼貌原则过于理想化和绝对化,降低了普遍性,而且礼貌原则未能覆盖礼貌语言中的一些常见现象,不一定任何时候都符合言语交际的普遍心理。特别是在跨文化交际中,礼貌现象是历史文化的积淀,不同的文化语境下生长的人们,即使使用相同的语言进行交际,也难免会因为礼貌的准则和内涵的差异导致语用失败,这也说明礼貌原则是相对的,不是普遍适用的。因此,他对 Leech 的礼貌原则进行了修正。根据宏观现象是其各子系统间关系整合的结果这一原理,他认为礼貌语言的运用是关系到语言交际可能涉及的三个方面的言语行为,哪一个方面都不应被忽略,这三个方面是自身一方、对方、第三方,从而提出礼貌原则的新构想包括促进各方的关系和为此采取的礼貌策略。其中,促进各方的关系包括"注意自身一方、尊重对方、考虑第三方"礼貌策略。这些策略包括积极和消极两方面。具体如下:

(1)促进各方关系。

①注意自身一方说适合自己身份地位的话。

a.不说不适合自己身份地位的话;

b.说话通常倾向于较为谦虚。

②尊重对方。

a.说合对方身份地位的话,不说不适合对方身份地位的话;

b.对于对方,话语通常倾向于较为尊重或客气,尊重客气的程度;

c.同对方尊长或同他们跟自己疏远的程度成正比,同对方付出代价的程度成正比,同对方要求他人付出代价的程度成反比。

③考虑第三方。

a.充分注意到交际时在场的第三方,不说影响到他们的身份地位的话;

b.如果有需要,可以说适合他们身份地位的话;

c.充分注意到话语中提及的第三方,不说影响到他们的身份地位的话;

d.如果有需要,可以说适合他们身份地位的话。

(2)运用礼貌策略。

①积极策略：说适度谦让、尊重或客气的话。

②消极策略：说适度中和的话。（徐盛桓，1992）

### 2.1.2.2　顾曰国的礼貌准则

顾曰国也注意到礼貌的相对性，他以中国文化的礼貌研究为基础，提出了礼貌的四个基本概念，分别为：尊敬（自我尊重，赞赏对方，即说话人考虑到对方的面子、社会地位等而做出的积极地赞扬或欣赏）、谦虚（表示自贬的一种方式，贬低自己尊敬别人）、态度热情（说话人要表现出对他人的友好，关心他人、热情好客）、文雅（说话人对他人的行为要达到某些标准，举止谈吐得体大方）。同时他提出了中国人表示礼貌时，通常遵守的两个基本原则：真诚与平衡。接着，他以汉文化为背景，在研究中国文化中的现代礼貌、古代的"礼"及其与语言的关系基础上，在《礼貌、语用与文化》一文中归纳了中国人普遍遵循的五个礼貌准则。（顾曰国，1992）具体如下：

（1）贬己尊人准则。

谈到自己、或与己相关的人和事物要贬，要谦，称听者或与听者有关的人与事物时要抬，要尊。中国式的礼貌，最大特点是"夫礼者，自卑而尊人"。在现代社会，自卑的含义已逐渐被自贬和自谦所取代，在语言上表现为自称和他称的礼貌。例如，当你想征求对方意见时，为了表示尊人可以说"我想听听您的高见"。

（2）称呼准则。

即要用适切的称呼语主动跟对方打招呼。中国传统文化的"礼"要求："上下有义，贵贱有分，长幼有等"，在相互称呼时要遵循上下、贵贱、长幼有别的传统来体现人际交往中的社会关系。见面打招呼是讲礼貌的重要内容，语言学家习惯上把打招呼解释为情感交流。称呼语作为打招呼的一个要素，代表了人与人之间的一种社会关系，称呼语的改变也就意味着这种关系的改变。称呼语适切与否通常要考虑到职务高低、职业地位、熟悉程度、性别、年龄、气氛以及场合等因素。

（3）文雅准则。

文雅准则就是"选用雅言，不用秽语，多用委婉，少用直言"，也就是说，所用语言要文雅，显示说话人有教养。在与人交往中，避免直接提及使人不愉快或难堪的事。荀况说"礼者养也"（《荀子·礼论》）。他认为五谷可以养口，芳香可以养鼻，礼可以养欲。荀况所说的"养"是指精神欲望的满足。而现在,如果一个人文质彬彬,出言高雅,就会被称为有教养的人。普通认为,如果一个人有教养则他的精神境界一定很高。

(4)求同准则。

说话人和听话人在诸多方面力求和谐一致,尽量满足对方的欲望。"求同准则"与墨子的"尚同"思想有一定的渊源,中国传统文化注重"脸"或"面子",求同准则体现了对说话人和听话人双方面子的维护。当不得不批评别人或发表不同意见时,往往是先褒后贬,先礼后兵,即先把对方赞扬一番,指出并肯定双方共同点。然后再说出不同点、不赞成或该批评之处。这样,批评作为言语行为虽不礼貌,但能以礼貌方式得以解决。

(5)德、言、行准则。

孔子认为"有德者必有言"(《论语·宪问第十四》),《礼记·表记》中写到"耻有其辞而无其德,耻有其德而无其行"。有辞有德有行者便为君子。德、言、行准则指在行为动机上,要多为对他人方着想,在行为上尽量减少他人付出的代价,尽量增大对他人的益处,在言辞上尽量夸大他人给自己的好处,尽量说小自己付出的代价。这看似违反了合作原则中的质量原则,但也体现了中国文化中的"谦虚""礼让"等礼貌特点。

顾曰国认为这五个准则互相渗透、互为制约。英语文化和中国文化在礼貌特征上有许多共性,其核心思想都是在言语中尽量减少他人付出代价,尽量夸大他人益处,但中国文化中的贬己尊人准则等是汉民族特有的礼貌现象,与英语文化注重隐私和个人自主性存在巨大文化差异。

## 2.2 面子相关理论

"面子"这一概念最早是由中国的人类学家胡先缙(Hu Hsien chin, 1944)介绍到西方国家的。之后美国学者 Erving Goffman(1967)在此概念基础上,通过对人际关系的详细讨论,把"面子"界定为"一个人在某一具体交际场合中,通过采取言语动作而为自己获得的正面的社会价值,是按照社会所赞许的属性而创造的自我形象"。他根据面子指向的不同将其划分为自我面子(self-face)和他人面子(other-face)两类,与此相对应的分别是防御性(defensive)面子行为和保护性(protective)面子行为。汀-图梅(Ting-Toomey,1988,1990)在 Goffman 的基础上,进一步提出了共同面子(mutual-face)概念,她认为,"面子是个人的自我在某种关系情境中呈现出来的形象"。它是在某一情境下进行互动者互相界定的身份。每一种文化的成员都会为他们想要拥有的面子,而与互动对方进行磋商。Brown 和 Levinson (1987)对"面子"进行了系统研究,并提出了"面子保全论"(Face-saving Theory)。Scollon. R 和 S. W. Scoilon(1995)将面子理论进一步深化,指出面子具有矛盾性(paradox)特征。Miao (1994)对 Brown 和 Ievinson 面子理论的普遍性提出质疑,他认为在不同文化背景中,"面子"具有不同的文化特征。这里主要讨论影响比较大的西方文化中 Brown&Levinson 的面子保全论以及中国文化中的面子相关理论。

### 2.2.1 Brown&Levinson 的面子理论

#### 2.2.1.1 威胁面子的行为种类

面子理论是 Brown&Levinson (1978,1987)分析礼貌行为所采用的视角,他们认为礼貌的核心就是面子,面子是礼貌的关键动因。面子是每个人都有权要求的,是选择行为的自主权,是自己的观点能得到对方的认可。Brown&Levinson(1987)将"面子"定义为"每一个社会成员意欲为自己挣得的一种在公众中的个人形象(public image)",是由他人的评价所支撑的,是一种情绪投入,通过与他人的交际,这种形象可以被损害、保持或增强。他们认为每个交际参与者都具有两种面子:积极面子(positive face)和消极面子(negative face)。积极面子是希望得到别人的赞同、喜爱、欣赏和尊敬;消极面子是指不希望别人强加于自己,自己的行为不受别人的干涉、阻碍,有自己选择行动的自由,强调了面子中的"个人"的含义。Brown&Levinson 指出,有一些语言行为在本质上和交际者的面子相悖,他们称其为"威胁面子行为"(FaeeThreatening Acts,简称 FTA),在会话过程中谈话双方的两种面子都会受到侵袭,即说话人和听话人同时面临着积极面子和消极面子的威胁。因此,绝大多数言语行为都是威胁面子的行为,而礼貌的会话功能就在于保护面子,降低面子威胁行为的威胁程度。从语言角度出发,留面子还是丢面子,关键在于交际者是否和如何采取威胁面子语言行为。这些言语行为大致可以分为四大类:

(1)威胁听话人消极面子的言语行为:给听话人一定压力,让其干或不干某事。

①说话人表示想让听话人做或不做某事,如一些指令性言语行为:请求或命令。

例:Go to the library.

说话人向听话人发出命令,可能威胁到听话人的自主选择的权利,即消极面子。

②说话人表示自己认为听话人应该做或不做某事,如建议、劝告等。

例:I would suggest you see the doctor at once.

说话人提出建议,有强加于人之嫌。

③说话人表示自己认为听话人应该记着去做某事,如提醒。

例如:Have you prepared the Monday lecture?

提醒听话人,意味着听话人可能忘掉某事,有损听话人面子。

④说话人表示如果听话人不去按自己的意图去干或不干某事,受话人将会得到某种惩罚或承担某种不良后果,如威胁、警告等。

(2)威胁听话人积极面子的言语行为:说话人不同意听话人的见解,对听话人的积极面子持否定态度。

①说话人表示自己不喜欢(或不希望)听话人的某一想法、行为、性格特点、信仰、价值观念等,如批评、蔑视、取笑、抱怨、谴责、指控、侮辱等。

②说话人表示听话人对某事有错误看法、误解或情理不通之处,如反驳、不同意、挑战等。

(3)威胁说话人消极面子的言语行为:说话人向听话人表达谢意、接受批评,对听话人过时的反应做出违心的许诺或提供非情愿的帮助。

①说话人承认欠情,有损自己的面了,如感谢。

②说话人可能会感到自己被迫接受听话人的欠情表示,如接受感谢或道歉。

③听话人对说话人的行为提出批评,但说话人表示自己有充分的理由去干或不干此事。这可能形成对听话人的批评,至少也能使双方观点对立。例如托辞。

④说话人感到被迫接受别人的情意或帮助,如接受提供。

⑤对受话人行动失控的反应。如发话人表示自己已经注意到受话人的失控行为,他可能会使受话人难堪,如果他假装没注意到,他可能使自己感到窘迫。

（4）威胁说话人积极面子的言语行为：如说话人道歉、接受批评或恭维、忏悔、承认有罪或有错等。向别人道歉，就等于认错，在某种程度上伤害了自己的面子。接受恭维，不得不贬低听话人所恭维的事物，说话人面子受到威胁。

### 2.2.1.2 面子威胁行为的三个因素

在影响交际策略选择的语境因素中，通过三个因素来确定威胁面子行为的严重程度。这三个变量因素是：说话人和听话人之间的"社会距离"（social distance）；说话人和听话人之间的"相对权势"（relative power）；特定的文化中，言语行为本身所固有的强加的绝对级别（absolute ranking of imposition）。听话人对说话人拥有的权势，它决定说话人可以把自己的意志强加于听话人的程度。说话人和听话人之间的社会距离越大，听话人相对于说话人所拥有的权势越大，其言语行为本身强加于人的程度就越大，该言语行为威胁面子的程度就越大，说话人就应该选择补偿性最强的策略。礼貌程序是社会距离、相对权势和威胁面子行为本身固有的强加程度之和，说话人通过三个互相独立的变量，来估算面子威胁行为的大小 $Wx$。用公式表示如下：$Wx = D(S, H) + P(H, S) + Rx$。D 指的是社会距离，即说话人（S）与听话人（H）之间的社会距离；P 指的是相对权势，即听话人（H）相对于说话人（S）所拥有的权势；R 指的是强加级别，在影响交际策略选择的语境因素中，说话人通过三个独立的变量来确定威胁面子行为的严重度。

### 2.2.1.3 维护面子的策略

Brown&Levinson 面子理论，即"面子保全论"的中心原则是，某些言语行为从本质上来说是威胁面子的行为（Face Threatening Acts，简称 FTA），因此需要以委婉的方式表达出来，采取一些礼貌策略（politeness strategies）以减少对面子的威胁。他们对礼貌策略的讨论主要集中在减轻对听话人的面子威胁上。说话人根据对听话人面子的威胁程度，来决定采取的补偿行为（redressive action），他们把礼貌策略划分为五个等级，如图 2- 所示。

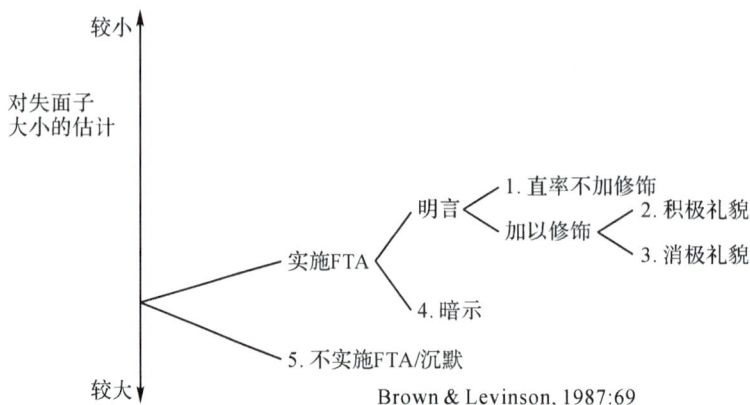

图 2-1  礼貌策略划分

这些礼貌策略 Brown&Levinson 称之为礼貌补救策略（redressive strategies），表明说人没有威胁听话人的意图，或试图减弱这种对面子的威胁。他们还说明了这些策略的具体使用情境。依次具体如下：

（1）不使用补救行为，公开实施面子威胁行为（Bald on record without redressive action）。这种策略就是尽可能地、清楚明了地向听话人表明自己的意图。一般在这几种情形下说话人可以以这种策略来实施面子威胁言语行为：①情况紧急，或交际效率占据首位，面子需求退居次要地位；②对听话人的面子威胁相当小，或可能没有威胁，例如提供、建议等显然有利于听话人的言语行为；③说话人的权势明显高于听话人，或说话人能赢得第三者的支持，威胁听话人的面子的同时不必担心丢失自己的面子。

（2）积极礼貌策略（positive politeness）。积极礼貌策略就是说话人表明自己与听话人之间有共同之处，通常采用套近乎的说话方式，以"接近为基础"（approach-based），满足听话人的积极面子需求，使听话人所要求的个人形象与说话人在言语行为中体现的听话人个人形象达到一致。Brown&Levinson 列出来包括"寻求一致、避免分歧、假设有共同点、表明伙伴关系、提高听话人兴趣、注意听话人的需要、对听话人赞同、同情"等十五种积极礼貌策略。例如：Look, I'm sure you won't mind if I borrow your typewriter. 假定双方利益和想法一致，这使双方的积极面子得以保留。

（3）消极礼貌策略（negative politeness）。消极礼貌策略以"回避"为基础(avoidance-based)。说话人通过承认并尊敬对方的消极面子的需要,不干预听话人的行动自由,以此来满足听话人的消极面子需求,维护听话人的私人空间和自我决策的权利。主要策略有"谦让、回避出风头、说话迂回、模棱两可、尊重对方、不夸夸其谈避免突出个人、表示悲观、道歉、减少对对方的强加"等,语气比较委婉,语义比较模糊,典型形式是含有情态动词的问句。注意力放在听话人的个人形象上,不干预听话人的需求。如在请求行为中使用:I don't suppose I could possiblely ask you for a cup of flour, could I?

(4)非公开礼貌策略(off record)。即隐蔽地、不公开地实施威胁面子的行为,Brown&Levinson 认为这一策略言语对面子的威胁最间接,属于补救程度较强的策略。他们也总结出十五种非公开策略形式,主要有"暗示、夸张、暗喻、模糊、反语、低调陈述、修辞设问、同义反复"等,说话人采用这种言语比较模糊的策略,听话人有可能从不同的角度对之加以理解。采取这种策略,一方面说话人对特定的意图就不会有责任,可以免去对听话人存在潜在的面子损伤之嫌,会得到说话人的赞誉,另一方面对于听话人,既可以躲避潜在的面子威胁,又可以给他表现关心他人的机会。如说话人说了"It's hot here",听话人如理解了说话人的意思,就可以说:"Oh, I'll open the window then."这一听话人就可以得到关心他人等赞誉,而对说话人来说则可以免去乱提要求而威胁听话人面子之嫌。

(5)不施行面子威胁行为策略(don't do the FTA)。Brown&Levinson 认为这是最礼貌的一种策略。说话人意图一般不明说出来,往往采取含蓄、暗示的形式,不使用某一特定的面子威胁行为,这样就避免了对听话人的冒犯,可是说话人的意图未必能被听话人理解,或者听话人装着不理解,这样就可能会导致交际失败。

Brown&Levinson 认为,他们的礼貌理论具有普遍性,其"普遍性"主要是指以下三点:①区分为积极面子和消极面子,具有普遍性;②以满足对方的面子需求的理性行为,具有潜在的普遍性;③具有面子需求的、能实施理性行为的言语交际者之间的相互共识,具有普遍性。(何兆熊,2000:238)但是,他们的面子理论是西方文化中以个体为中心的价值观的反映,它与以群体依存为特征的价值观存在差异,因此受到了广泛争议,并遭受到了很多责难和批评。虽然 Brown&Levinson 的面子理论有其自身的局限和不足,但是他在语言学相关领域的影响还是很大的，提供的实验操作框架是得到一致肯定的，此后很多有关礼貌问题的论述，都是以他们的理论为基础。

## 2.2.2 中国文化中的"面子"观

中国人非常重视面子及面子功夫（face work）。面子一词来源于汉语。我国留美人类学家胡先缙1944年在《美国人类学家》杂志上发表了《论中国的面子概念》，用语义分析法首次对中国文化中的"面子"概念进行了学术研究。她对"面子"概念做出了学术界定，阐述并区分了中国文化中"面子"和"脸"两个概念。"面子"是个人透过可见的成就和夸耀而获得的声望和地位，并得到公众的一致认可；"脸"则是群体给予具体有道德名誉者符合社会和内在道德行为标准的的尊重，虽然两者都代表了群体对于个体的尊重，可是他们所依据的标准有所不同。（Hu,1994）他认为"脸"指的是社会相信人的道德品格。"如果一个人的行为违背了社会的道德标准，那么社会就会责难他，他就会丢脸，就会因此陷入孤立和焦急的状态"，这样，"脸"就限制了违背道德标准的行为，成为可以限制一个人社会行为的内部力量。"丢脸代表群体对不道德行为的责难"，那些严重违背社会准则的行为如果被公众所知就会玷污人的品格，引发公众的责难，导致这个人丢脸。有"面子"指的是一个人声誉的提升，"它与通过自我提升而获得的声誉相联系"。比如，一个人在他人有困难的时候，伸出援助之手，社会认可就会提升他的面子；"面子"可以被给予，如果在公共场合表扬他人，强调他人的头衔或能力，或是尊重他人的提议的话，那么就是在给他人面子；面子也可以被保全，不故意指出一个人的缺点或过失就是在保全他在公众的面了。"脸"和"面子"是相互关联的两个方面，在中国社会中扮演着非常重要的角色，每个人都力争保护自己的"脸"，同时试图提升自己的"面子"。

其他学者对汉语中的面子也有精辟的论述。Mao（1994）引述胡先缙（Hu,1944）对于汉语"面子"概念的讨论，认为汉语中的面子指个人在所处群体中能够获得的良好形象，它有两方面，即"面子"和"脸"。"面子"指通过在生活中获得成功而获得的，或者是他人赋予自己的威信或名誉。而"脸"指个体由于遵守社会的道德标准而从所处群体获得的尊重。"面子"与"脸"的主要区别在于前者的社会正价值较后者的低。"面子观念"则是一张无形的"脸"。（雷玉兰，2008）

跨文化交际研究学者贾玉新（2003）认为，面子功夫是中国社会进行再生产的文化动力，面子以人的感情为基础，照顾别人的面子能够促进人际关系的和谐，并提出了"中国人的面子观念的四个特征：关系性的、社会性的、等级性的、道德性的。"中国人面子的第一特征——关系性可以概括为面子既是人们在社会中加强和表达和谐人际关系的目标，也是达到此目标的手段，它是关于责任、权利和义务的严格法律的代替者"。中国人面子的第二特征社会性是指"面子是公众对任何偏离或违背社会准则行为的检验"，"因为，害怕丢脸就表明意识到社会制裁的力量"。中国人的面子观念的等级性源于儒家思想的社会秩序关系，"人们根据家庭内部的关系、等级形式、面子功能、年龄、血统和社会等级构成了这种关系等级"。中国人面子观的第四个特征是其道德性，"脸"是道德标准的首要载体，"面子"为群体对具有优良道德声誉的行为的尊重，"丢脸"就是群体对不道德或社会不认可的行为的指责。

我们可以从以下方面来理解中国文化中"面子"的内涵："脸"和"面子"在中国人的心中有着非常重要的地位，"它与儒家思想里的社会秩序有着密切联系，礼反映了中国文化对等级性和群体和谐的重视"。作为礼貌理论中的两个核心概念，面子和礼貌是紧密相连的。现代汉语中的"礼貌"起源于中国古代的"礼"。《管子·五辅》中明确指出，礼就是维护现行社会等差的行为法则。"上下有义，贵贱有分，长幼有等，贫富有度，凡此八者，礼之经也"。（雷玉兰，2008）在儒家思想里，人们提倡个人从属于群体和社会的价值观，强调的是个人的需求不要超越集体或社会所给予个人的身份地位。在中国人看来，面子是个体身份与理想形象要求的表现，是个体社会地位、社会价值和处世要求等的总和。个体的言行符合社会普遍的标准就挣得了面子，违背这种普遍的标准就丢了面子。其次，面子反映的是人情关系融洽度与人际影响度。中国人重视人际交往，人与人之间的和谐融洽极其重要，中国人注意情面，通过对他人面子表示尊重，来表达对他人情感上的关心。在人际交往中，给对方以情面，达成关系的和谐，就给了对方莫大的面子，反之就会驳了对方的面子。因此，中国人在社会交往中往往讲究"赏脸""留面子"，尽量避免"丢脸"。

鉴于面子对中国人的重要性，在任何人际交往情境中对他人面子的尊重本身就构成了一种实质性的问题，另一方面，鉴于面子包含情感和语用因素,因此它对有效的人际关系的形成也有促进作用。为了维持人们现有的关系,加强角色和地位差异以及保护群体内的和谐显得尤为重要,所以人们非常关心在谈话中各自的公众形象。因此,维护面子成为中国人际关系的基本准则。

## 2.3　人际关系管理理论

Helen Spencer-Oatey(2000)认为 Brown&Levinson 的面子理论、Leech 的礼貌原则都局限于仅从说话人的个人角度出发去讨论其自主性/强加性,以及损/益关系,仅仅侧重于人际关系和谐的一面,而实际上人们也会利用语言来攻击对方,因此仅从礼貌的角度来解释交际中的人际关系是不够。针对理念的不足,Spencer-Oatey 提出了著名的人际关系管理理论(Rapport Management Theory),探讨如何使用语言来建立、维护或威胁和谐的人际关系和社会关系。Rapport 的内涵由两方面构成,即人与人之间的关系和愉快的合作,management 一词的使用意味着人们在跨文化交际时会有意识地对他们与交际对象之间的关系进行调节和管理。Spencer-Oatey 提出的人际关系管理理论框架,主要由两大范畴构成,即面子管理和社会权势管理。面子管理领域下又分成个人素质面子(quality face)和社会身份面子(i-dentity face),而社会权势管理也包括公平权(equality right)和社交权(as-sociation right)。Spencer-Oatey 认为,Brown&Levinson 的面子理论之所以会受到礼貌学者的诸多质疑,是因为面子理论只是单一地从个人角度去研究"面子",过分强调面子的个体性,从而忽视了"面子"的集体社会意义。此外,除了"面子",交际双方的"权势"也对语言礼貌的使用起着重要作用。人际关系管理理论中的素质面子和平等权是从个人独立的层面对言语交际进行的研究,而身份面子和社交权则从社会的层面对其进行研究。只有从个体和社会集体角度分别对交际双方的"面子"和"权势"进行综合考虑才能合理解释交际中的语言礼貌现象。她还进一步指出,"面子"和"权势"是人们在交际中关注的两大方面,所以在分析话语礼貌的过程中,应该对这两者分别加以分析讨论,不能混为一谈。该理论不仅是研究个体礼貌的理论,还是分析集体、社会要素的理论,从说话人和听话人双方来研究言语交际,这实现了言语交际相关理论的一次跨越。

### 2.3.1　人际关系管理四要素

Helen Spencer-Oatey(2000,2005)从个人和社会集体这两个角度出发，分别分析交际双方"面子"和"权势"这两大构成，以试图明确阐释语言使用中的礼貌现象。"面子"是指在某一特定交际环境下说话人从交际对方处为自己有效索取的正面社会价值。"权势"是指说话人在与他人的交际过程中为自己有效索取的最基本权利。(徐静殊,2009)人际关系管理理论包括以下四大核心要素:个人素质面子、社会身份面子、公平权和社交权。

(1) 个人素质面子(quality face)。人们都有一种基本的愿望即获得别人对于其个人品质方面的积极评价。比如说人们总是希望别人肯定自己的个人特长、能力、外貌等。个人素质面子与个人的素质和能力无关,与人们对自己的价值判定有关,并与人们的自尊心紧密联系。

(2)社会身份面子(social identity face)。人们都有一种基本的愿望即获得别人对于其社会身份或角色的认可与支持,都希望他人把自己当作亲密的朋友、可靠的领导或重要的客户。社会身份面子与人们对自己在社会或群体中扮演的角色或起到的作用有关,并与其社会价值观紧密联系。

(3)公平权(equity rights)。人们都有权受到他人的注意和尊重,得到公正平等的待遇,不被他人无端强迫或接受不公正指令,不被他人利用或剥削,在交际中不该无端受制于人,应该享有应得的利益。这样看来,公平权包括两层含义:损益(cost-benefit)关系和自主强加(autonomy-imposition)关系。

(4)社交权(association rights),指的是每个人都有与他人保持符合他们之间关系的联系或交际的权利。这种权利主要包含两个组成部分:①交际联系权(interactional association-dissociation):指的是与他人的互动程度,即人们应当有适量和适当类型的活动可参与,与他人进行一定量的谈话或交流;②情感联系权(affective association-dissociation):指的是与他人相关联、情感和利益趋同的程度,即人们能受到他人适当的关心,能与他人分享感受和兴趣。

素质面子和平等权属于个人的层面,身份面子和社交权属于社会的、相互依赖的层面。具体见表2-1:

表 2-1　人际关系管理理论的框架结构(Spencer-Oatey, 2000)

| 人际关系管理 | |
| --- | --- |
| 面子管理(个人/社会价值) | 社交权管理(个人/社会权势) |
| 个人/独立方面　素质面子 | 平等权 |
| 社会/互动方面　身份面子 | 交际权 |

　　Spencer-Oatey 还分析了面子与身份的关系,认为"面子与身份都与个体本身的一些特征有关,只不过前者通常与一些受到社会积极评价的个体特征或特性相联系,而后者不仅包括社会积极评价的个体特征或特性,还包括那些受到负面评价或执行评价的那些个人的特征或特性"。

### 2.3.2　人际关系管理策略

　　Spencer-Oatey(2000,2005)从言外行为、参与模式、交际风格和非言语行为等五个范畴对人际关系管理策略进行了研究和分析。她认为,在任何言语交际中,说话人都会用很多语义要素的不同选择或策略来对面子和社会权势进行管理,即对人际关系和谐进行管理。在交际中,应该选择适当的人际管理策略以获得理想的交际效果。她结合 Brown&Levinson 的面子威胁理论对部分言外行为进行了阐述,如:她认为命令和请求很容易威胁到人际关系,是关系敏感型言语行为,道歉是典型的事后言语行为,恭维是面子提升型言语行为,因为它对维护人际关系有积极的影响。在此基础上,她重点提出了在实施这些言外行为时,人们要采取的维护人际关系的策略,主要从语义要素的选择、直接或间接的程度、加强语或缓和语的类型和量这些方面来分析如何调节说话人之间的关系。具体如下:

　　(1)策略一:选择合适的语义要素(the selection of semantic components)。

　　言语行为有大量的语义要素组成,虽然它们的形式千差万别,但从语义上来说,每一个言语行为中都有一个中心行为(head act)成分,它蕴含了该言语行为的主要言外之力,即包含了话语的主要信息。中心行为成分以外的其他部分构成该言语行为的次级行为部分,它包含着该话语的附加信息。附加信息在人际关系管理中起着十分重要的作用,通过对语义要素的选择过程中附加信息的使用,可以对人际和谐进行有效管理。如在表示请求的话语行为中,通过使用附加信息,说话人可以向听话人提供发出请求行为的原因,消除听话人的疑虑,承诺给予回报等,从而弥补请求这一行为对听话人个人平等权势产生的负面影响;在表示拒绝、反对或歉意的话语行为中,通过使用附加信息,说话人可以向听话人解释说明、提供修复性措施或其他选择方案等,从而弥补对听话人面子或权势产生的负面影响;而在表示感谢的话语行为中,通过使用附加信息,说话人可以表达自己的惊喜及对听话人的感激,同时承诺给予回报,以此来进一步加深对听话人个人素质面子的正面影响。

(2)策略二:合理使用直接言语或间接言语(degree of directness/indirectness)。

关系管理理论认为,交际者之间的社会关系和交际策略的选择是互相影响的。说话人往往会根据与听话人的社会距离的远近以及该话语行为给听话人带来的影响来判断使用直接言语或间接言语。倘若交际双方的社会距离相去甚远,并且说话人所实施的话语行为对听话人的面子或权势带来负面的影响,说话一方应尽量使用间接的礼貌用语来缓和该行为对双方的人际和谐关系带来的不利影响,过分的直接言语使用会加剧交际双方人际关系的不和谐程度;倘若交际双方的社会距离相近,并且说话人所实施的话语行为不会对听话人的面子或权势带来什么不利影响,说话一方可以选择使用直接言语,这时使用过分的间接用语反而会破坏交际双方的和谐关系。她同时也指出这种在具体情境下直接言语的使用频率与文化有很大的关系。

(3)策略三:合理使用加强语或缓和语(use of upgraders/downgraders)。

Spencer-Oatey认为言语行为中语势的强弱对该言语行为的言外之力有很大的影响。加强语能够加强该言语行为的言外之力,而言语行为中的缓和语则削弱该言语行为的言外之力。她进而举例说明,在表示请求、不同意的言语行为中,使用缓和语能够降低这些言语行为对双方和谐人际关系造成的负面影响。而使用加强语则会加强这种负面影响;而在道歉、感谢和恭维的言语行为中,使用加强语能够促进这些言语行为对听话人面子带来的正面影响,而使用缓和语则会削弱该正面影响。也就是说,语势强弱在言语行为中的使用对交际双方社会关系的影响的好坏取决于言语行为的类型本身。

### 2.3.3　人际关系管理策略使用的影响因素

任何言语行为的发生都会影响到交际双方对面子及社会权势管理情况的理解，从而对人际关系产生影响。Sencer 把这种人际交往过程看成是人际关系管理的过程，交际双方在交往中应对以下各要素进行理解和把握。

(1) 人际关系管理目标(rapport orientation)。

Spencer-Oatey(2000)认为人际关系管理目标是影响人们策略使用的一个关键性的因素。她从区分支撑说话人自身的面子需求和社交权，以及支持听话人面子需求和社交权两个基本目标的基础上，提出了四种人际关系管理目标，分别是：①促进人际关系：意欲加强和增进交际双方的和谐关系；②维持人际关系：意欲保持和维护交际双方的和谐关系；③忽略人际关系：对于交际双方的关系缺乏关心和兴趣(可能由于太关注自身了)；④挑战人际关系：意欲挑战或削弱交际双方的和谐关系。人际关系管理目标很大程度上决定了说话人将如何去对交际双方的和谐关系进行管理，说话人是要满足自身的面子和社会权势需要，还是要满足他人的面子和社会权势需要。

(2)语境变量(contextual variables)。

语境变量对人们人际关系管理策略的选择也起着重要的影响。Spencer-Oatey 主要讨论了"交际参与双方关系""信息内容""权势和义务""交际活动"四种重要的语境变量。具体如下：

①交际参与双方关系。社会权势和社会距离是人际关系问题的核心变量。一般说来，交际双方关系越密切，地位、年龄辈分越相当，所需要的礼貌程度就越低，换言之，人们可以在人际关系管理上投入较少精力；而当双方关系越疏远，越陌生，对方地位越高、辈分越尊、年龄越长，则越要客气，越要在人际关系管理上投入较多精力，选择适当的人际关系管理策略。但是，她认为有时候社会权势和社会距离之间没有必然的正比例关系。此外，参与交际的人数对于人际关系管理策略也有着重要的影响，因为，在许多人面前接受批评或表扬和独自接受批评或表扬对于人际和谐关系的影响程度是不一样的。(徐静姝,2009)

②信息内容——与损益相关。她认为每条信息的内容(损益)会影响到人际关系管理策略的实施。信息因为可能受到面子的威胁而有变化，也和

与之相对应的"损"有关。"损"不仅意味着自主性受限,还包括时间和努力的花费、不便、风险等其他因素。不管是"损"还是"益"的获得,都会导致和谐关系的失衡,这就需要我们重建均衡的和谐关系。

③社会角色——权利和义务。社会角色之所以会影响到人际关系的选择是因为它们能影响到人们对权利和义务的判断和评价。人们在交际时往往会被冠以明确的社会角色,如老师—学生、雇主—雇员、朋友—朋友等。这些社会角色不仅在一定程度上决定交际双方的交际权利和交际距离,还帮助明确了双方的权势和义务关系。所以,在判断一条指令是否合理的时候,不仅要考虑其信息内容,还要考虑交际双方所处的社会角色关系。

④交际活动。交际活动的类型对人际关系策略的选择也有影响。在面对面交际、讲座、面试或法庭审判等不同场合,人们往往会采取不同的人际关系管理策略。每种特定交际场合都有其特有的交际特征,特定历史文化下的交际特征也各不相同。

Spencer-Oatey 还进一步指出,在具体考虑时这些语境,应该放在一个动态的语境中综合把握。

Spencer-Oatey 的人际关系管理理论是对传统礼貌研究的进一步发展,人际关系管理并非是指说话人对语言礼貌的管理,而是指交际双方对话语礼貌在语用中的适当性所进行的管理。可以看出,人际关系管理理论中的素质面子和平等权是从个人独立的层面对言语交际进行的研究,而身份面子和交际权则从社会的层面对其进行研究。因此,Spencer-Oatey 的人际关系管理理论对言语交际的阐述更具宏观性和全面性较之传统礼貌理论,它更加全面具体,也更具解释力和说服力,为礼貌研究提供了一种新视角。随着对该框架体系研究的不断深入,一些问题值得进一步去深入研究。

## 本章结语

言语交际是一种社会现象和行为,言语礼貌是一种个性化的交际准则,受制于不同语言群体的不同文化背景的制约,带有交际者各自的文化属性,反映出不同文化所孕育的带有文化特征的世界观和价值观。言语礼貌相关理论是言语活动的有机组成部分,是人们总结出来的指导人们言语行为的一些社会言语规范,阐释了面子与语言、礼貌间的关系,具有很高的理论价值,对语言使用的研究也产生了很大的影响,是跨文化言语行为研究中不容忽视的一个方面。因此,我们要想能够正确地进行言语交际行为,就必须了解礼貌相关原则和规范的灵活性和多样性,不要把某个礼貌准则或面子理论看成"死教条",一定要把礼貌相关原则和不同国家的文化特性相结合,了解不同文化背景下礼貌的差异及其成因,揭示隐含在交际行为中可能引起误解和冲突的因素,同时考虑到具体的语境,那样我们在进行言语交际或跨文化交际时才会做到交际语言礼貌得体,使交际顺利进行。

# 请求言语行为的跨文化研究

3

　　各种语言在表达相同的功能、意念时，由于受各自不同文化习俗的影响与制约，会表现出不同的方式。近年来，跨文化语用学者在言语行为的表现方式及其影响因素方面进行了广泛的研究。就请求而言，比较有影响的是Blum-Kulka 与 Ervin-Tripp，他们认为请求言语行为虽然由于语言文化的不同而有所差异，但请求行为所体现的结构却具有某些相同的、普遍的语用特征。本章参照 Blum-Kulka 和 Ervin-Tripp 的研究方法及其提出的英语中请求言语行为策略，对汉语中的请求言语行为的运用情况进行调查并进行汉英请求言语行为策略的对比分析。

# 3.1　请求言语行为的界定

## 3.1.1　请求言语行为的定义

　　请求言语行为是一种普遍存在于人类社会不同语言文化中的交际行为。从《汉语大词典》的释义中我们知道，"请求（request）"一般来说有三个含义：以私事相求；说明要求，希望得到满足；所提出的要求。请求言语行为广泛应用于日常生活的各种情景中，比如在吃饭时叫人家递个汤勺，或天冷时让别人关下门，等等。在 Searle 对言语行为的分类中，请求属于指令类（directives）言语行为，被定义为"说话人试图要听话人去做某件事情"（Searle，1976：11），适从向是客观现实适从话语，所表达的心理状态是希望或意愿，具有明显的语势，提出请求时说话者需要使用听话人不会拒绝的礼貌的方式。请求作为一种具体的言语行为，受到语言学界越来越多的关注。Ervin-Tripp（1976）的研究中使用了术语"request"，在 1984 年的研究中则换成了"directives"，虽然"directives"和"request"措辞有别，但是两者的分类却相同。之后，Wolfson（1989）亦沿用了 Ervin-Tripp 的分类。Becker（1982）定义请求言语行为是"那些具有明确目的话语，其目的是表明说话人意欲用话语影响听话人的行为，也就是让听话人做某事"。这一定义等同于Searle（1976）对"directives"的定义。Brown& Levinson（1987）认为请求在本质上是威胁听话人面子和行为自由的言语行为。Yule（2000）认为"请求"（request）是一种带有使役性质的言语行为，如 could you pass me the salt? 在这个例子中，就是说话人使役听话人为他拿盐。

说话人是否实施了请求言语行为,我们可以从 John Searle(1969)给山的言语行为的四种条件来判定,具体如下:①命题条件(propositional content condition),即说话人谈及听话人未来的一个动作;②准备条件(preparatory condition),即听话人有能力去做这个动作,而且说话人也相信听话人有能力做这个动作。且交谈双方都不认为这个动作是听话人通常要去做的;③诚意条件(sincerity condition),即说话人真心想要听话人去做这个动作;④根本条件(essential condition),即说话人设法想让听话人去做这个动作。下面以 Excuse me, could you pass me the salt? 为例。

上面的例子涉及的命题条件为:说话人谈及听话人未来的一个动作——递盐;其准备条件为:听话人能够得着盐因而有能力,而且说话人也相信听话人有能力去这个动作——递盐;诚意条件为:说话人真心想请听话人把盐递给他;根本条件为:说话人通过上面的话语"Excuse me, could you pass me the salt?"设法让听话人去做这个动作——递盐。通过上述四个条件判断,上面例子中说话人实施的是请求言语行为。

总之,请求言语行为是一种期望对方能实现自己的愿望对说话人有利但对听话人来说是一种责任或负担的言语行为,作为威胁面子的行为,既要顾及彼此的面子,降低对听话人提出请求所强加的程度,又要达成请对方帮忙的交际目的。

## 3.1.2  请求言语行为策略与礼貌的关系

根据 Leech 对言语的言外行为的分类,请求行为是礼貌与言语的竞争,本质上是"不礼貌的",其实质就是要对方付出劳动,它的深层结构是"我要求你做……"(I request that you do ... ),说话人想要达到的目的和礼貌的要求之间的关系是不协调的。因此,人们在实施请求这一言语行为时,要非常注意语言的礼貌性,往往要采用一些策略来加以调整,以便减轻其言外行为的不礼貌性,把一个本质上不礼貌的言外行为从言语上变得礼貌起来,从而达到成功交际的目的。Leech 的礼貌原则针对这一现象指出人们通常在实施请求这一言语行为时,可以遵循如下两个准则:一是"策略原则"(tact maxim),即使他人受损最小;二是"慷慨原则"(generosity maxim),即使自身受惠最小。

Brown 和 Levinson 进一步补充了 Leech 的礼貌原则,提出"面子保全论"(face-saving theory)。他们认为礼貌就是"典型人"(model person)为满足面子的需要而采取的各种"理性行为",也就是说通过运用一定的言语策略来达到给交际双方都留点面子的目的。这种面子分为"消极面子"和"积极面子"。根据他们的分析,请求这一言语行为言及的是听话人某些将要进行的动作,且是其感到不得不去做的言语行为,要使这一言语行为成功地发挥其作用,就必须顾及说话双方的面子。而在实际运用这些请求言语行为的场合中,这些原则或策略的得体运用与说话人和听话人之间的具体关系有着密切的联系,它涉及说话人相对于听话人的社会地位及身份、言语行为本身所具有的难易程度等因素,而且在具有不同文化的群体中也存在着差异。

## 3.2　请求言语行为国内外研究现状

为了研究请求行为在不同语言中是否具有普遍的性质,很多学者,如Searle(1976), Ervin-Tripp(1976, 1984),Blum-Kulka&House Kasper(1987,1989),Weizman(1993),Ellis(1994)和Gibbs(1998)等从各个角度在不同语言文化背景下开展了请求言语行为研究。其中影响最大的是Blum-Kulka(1989)等一批学者开展的跨文化言语行为实施计划(Cross-Cultural Speech Acts Realization Projects,简称CCSARP),这是一项国际性的合作研究计划,收集并分析七种西方语言的言语行为的表现方式,主要研究请求类和道歉类言语行为。根据此项调查的结果,Blum-Kulka等将请求言语行为分为"直接策略""规约性间接策略""非规约性间接策略"三大类,Blum-Kulka认为语言使用的规约由意义和形式的规约组成。意义的规约决定间接请求言语的句子类型,语言形式的规约就是使用特定的词汇。Ervin-Tripp(1976,1984)对英美请求言语行为进行了全面的调查研究,归纳出六类英美人常用的请求策略,对后续的此类言语行为研究起了重要参考意义。

国内的研究者也围绕请求行为做了大量研究。张绍杰等(1997)运用"语篇补全测试"的调查方法,调查并分析了汉语中请求言语行为的序列结构以及影响请求策略选择的社会文化因素,论证了文化价值观对请求类言语行为实现策略的制约作用。Hong(1999)运用CCSARP编码系统研究了汉语请求言语行为的实现方式,发现在中国文化中,语气推导型的指令式请求更恰当高效。丁凤(2002)对请求言语行为的性别差异进行了问卷调查,得出结论:"总体上在请求言语行为实施上女性比男性更委婉,与男性相比使用更多的醒示语及辅助语,在请求言语的序列上女性明显比男性长,男性对受话人的性别更加敏感。"陆芳蕊(2003)从跨文化语用学的角度分析了汉英文化价值观的差异对请求言语行为的交际风格的影响。彭泼(2003)通过对言语策略和话语基调的分析,总结了社会地位、接触关系、情感等请求言语的社会基调,从请求策略类型、交流基调与请求行为和评价系统与请求行为三个方面对请求言语行为及其交际风格进行了论述和分析。凌来芳(2003)对中英请求言语行为实施的策略进行了对比研究,并分析了造成差异的原因。苏文妙(2003)分析了汉英请求言语行为不同的风格形成的影响因素,并归纳了汉语中最常见的请求言语行为策略。熊晓灿(2006)分析了请求作为一种具体的言语行为是如何受到社会权势和社会关系的影响。高翔(2008)通过收集网络中汉语请求类的帖子,归纳网络中汉语请求言语行为的语言特征。孙俊豪(2010)分析了社会距离与请求策略二者之间关系,认为它们是彼此影响、相互映射、动态循环的。王荟(2010)从会话分析的角度讨论了汉语请求行为的前序话语类型及其策略。

## 3.3 英语中常用请求言语行为策略

Ervin-Tripp(1976)把听话人与说话人之间的社会关系及请求行为的难易程度作为控制因素,对英语中请求言语行为的表现形式进行了调查研究。根据其调查结果,可以将请求行为策略分为六类:

(1)需求陈述(needs statements)。

这种请求方式一类是通常发生在交易性工作背景(transactional work setting)中。主要用于工作中上级对下级的请求,例如,老板让其秘书为其打一份报告,他会说:"I want you to type the report for me now."在这种背景下,上级对下级的工作有指示的权力,上级的一个需求意味着下级的一个义务或责任。使用需要陈述的另一类背景是家庭中的请求。例如:(child to mother)I need a spoon, Mommy. 在这里请求就像祈使句一样明白无误地陈述出来了。

（2）祈使语句（imperatives）。

这种请求方式常用于家庭成员之间、上辈对下辈或平等的人际关系之间，它经常与 please 一词连用，用来显示年龄和等级的差别或两者间平等、随便的关系。例如，父母让其孩子接个电话时会说："Tom,answer the telephone,please."妻子请丈夫为其拿一杯咖啡时会说：" Bring me some coffee,please."

（3）内嵌式祈使（imbedded imperatives）。

Ervin-Tripp 认为这种请求策略通常用于当被请求的事或行为难度比较大，或当请求者是受惠对象时。常用"Could /Can you ... ,please?"这样的句式。例如：(At department office, typist to professor) Would you sign these sometime this week, Professor Henry?

（4）允许式请求（permission directives）。

这种请求方式的使用频率较低，主要是工作或家庭环境中地位或年龄较低者向地位较高者请求时使用的策略。如"Excuse me, I was wondering if you could ... ?""May I possibly ... ?"例如：(salesman to clerk) May I have change for a dollar?

（5）非明晰问句式指示（non-explicit question directives）。

这是给对方留一条退路的请求策略。措词模糊而又常以疑问句的句式出现，常用于社会地位相差较大或年龄相差悬殊的人际关系中地位或年龄较低的一方，如(professor to graduate student) Did you want the door open? (Close the door.)从措词方面来说，这种请求话语常常会引起歧义，因而容易被误解。如下例中老师本来是指令性言语行为意思是 stop laughing,但学生曲解了。

(teacher to pupils)A：What are you laughing at?

B：Nothing.

（6）暗示（hints）。

这是有较大灵活性的策略，这种一般陈述句同疑问句一样，从表面上看并非指示语句或请求语句，但这种暗示使听话人有极大的活动余地，其实质上是一种非常间接的指示或请求语句，是请求内容很特殊，说话人不愿直接地提出该项请求，因而让听话人根据自己对所谈论的事情的关心程度而对说话人的话语作出解释；或是在需要采取的行为是极为清楚的情况下，只要陈述一下时间或条件就足够了，因为大家都知道做什么和出谁来做。例如：(professor to office worker) Mrs. Terry, it's quite noisy in here.

以上是 Ervin-Tripp 所提出的六种请求策略，从话语的直接性与间接性来说，策略(1)(2)属于直接性请求言语行为；策略(3)(4)(5)(6)属于间接性请求言语行为，从策略(3)到(6)间接性逐渐增大，给被请求者留有选择的余地也越来越大。英语中在实施请求言语行为时，通常用直接性言语中带 please 的祈使句形式或间接性言语中询问听话人能力或将来做某事的可能性的疑问句形式来表示其礼貌性。这与西方个人取向和"平行或平等格局"有密切关系，人们在向他人提出要求时，尽量做到委婉，对他们来说礼貌所强调的不是人际的"别"，而是人际的"平等""一致"或"同"，在请求别人做某事时，尽量不给对方一个"强加"的感觉(the impression of imposition)。据 Brown 与 Levinson 的面子理论，他们首先考虑的是彼此间的消极面子不受伤害。

Blum-Kulka(1987,1989)在其实施的跨文化言语行为表现方式计划(CCSARP)的研究中发现，请求言语行为的基本结构和序列具有普遍性特征，即请求言语行为一般分为三个步骤：①起始行为语(alerters)：其功能是吸引受话人注意；②辅助行为语(supportive moves)：其功能是说服受话人答应说话人的请求；③中心行为语(head acts)：其功能是表述说话人所期望受话人完成的行为。此外，请求行为一般采用两种交际策略完成：直接策略和间接策略。概括起来有三种方式：直接请求策略(direct strategy)(如：Shut the window.)，规约性间接策略(conventional indirect strategy)(如：Can you shut the window?)，和非规约性间接策略(non-conventional indirect strategy)(如：It's cold here.)。它们在直接程度上呈现递减的趋势，语言中请求语的本质区别在于直接和间接的程度，间接策略则采用规约性间接手段和非规约性间接手段(或暗示)。英语中，间接策略所占比例高达 82.4%。某些社会因素对决定请求策略的选择起着重要作用。

## 3.4 请求言语行为的调查与对比分析

### 3.4.1 调查对象与方法

本次调查的重点是研究汉语中请求言语行为的表现形式以及与英语中

的表现形式有哪些有异同之处。为了避免受英语的思维习惯的影响，调查对象所学专业为非英语专业，所使用的语言是母语即汉语。为了体现调查的广泛性，且考虑到问卷中社会关系这一控制因素，本次调查对象主要选定年龄在 20 岁以上的人群，在年龄的分布上，老、中、青年分布大致均匀。所选调查对象来自不同阶层，包括报社、机关、公司、工厂及学校。调查者共发出 70 份问卷，收回有效问卷 64 份，为了便于统计，抽取了其中 50 份进行统计分析。在这 50 份有效问卷的提供者中有 10 名教师、10 名大学生、4 名报社记者、10 名机关干部、3 名企业工人、9 名公司的职员和 4 名公司的负责人。在问卷中参照 CCSARP 研究方法与结论以及 Ervin-Tripp 对英美人常用请求行为的调查而总结出请求言语策略的基准，以说话人与听话人之间的社会关系以及请求行为的难度作为控制因素，为了体现调查结果的代表性，所设情景与被调查者的生活经验相近，把问卷分为三部分，设置了 18 个情景，每部分 6 个情景，有师生关系、领导与下属关系、老板与员工关系、朋友关系、父母与子女关系等等。问卷的第一部分是关于"不同策略类型的使用范围"，以 Ervin-Tripp 所提出的六种策略为依据，设置了六种请求言语行为策略，在提供选择的答案中设置了六种社会关系，让被调查者来判断说话双方处于哪种或哪几种社会关系中。如 A 让 B 去接个电话时说："你能帮我接一下电话吗？"他们的关系会是：A. 同辈（熟悉）；B. 同辈（疏远）；C. 长辈与后辈；D. 长辈与后辈；E. 上级与下级；F. 下级与上级。第二部分是关于"说话双方之间的社会关系对请求策略选择的影响"，共 6 道多项选择题，每个问题的情景中分别设定了说话双方的社会关系，设计出六种可能出现的请求策略，要求被调查者在所设定情景中根据个人经验选择在不同的社会关系中他们认为最适当或他最可能运用的一种或几种请求策略。第三部分沿用 Discourse Completion Test（DCT）开放式问卷设置了 6 个问答题，在情景设置中，以上述社会关系为基准，为说话双方设定了不同的角色关系，以被调查者日常生活中常遇见的请求行为为依据，并使请求难度有所增加，如："当你请求你的朋友借给你 2000 块钱时，你会怎样说？"主要是为了调查汉语使用者在实施请求言语行为时的一些具体话语形式。在开始调查之前，本研究还进行了小范围的试验性调查，力争做到实验的信度和效度。

### 3.4.2　调查结果及分析

汉语与英语虽然属于不同语系,但由于语言共性,也存在陈述句、疑问句和祈使句这三种基本语言结构以及相对应的陈述、疑问和命令/请求这三种基本语言功能,但使用何种语言结构来表达请求,英汉之间可能存在着很大的差异。此项调查集中在请求言语行为序列、请求策略类型使用的相对比例、说话双方之间的社会关系与请求策略类型的选择、请求行为难度对请求策略选择的影响这几个方面,并在其中分析了影响请求策略的因素及其与礼貌的关系。

(1) 请求言语行为序列的对比。

从开放式问卷调查结果来看,在所收集的请求言语行为的案例中,我们发现在汉语中,请求言语行为的结构 86% 由起始行为语(alerters)、辅助行为语(supportive moves)、中心行为语(head acts)构成,这与 Blum-Kulka 等(1989)提出的"请求行为的序列具有普遍性特征"研究结论是基本一致的。但是这些行为出现的先后步骤以及具体的行为特征还是有差异的。英语中的起始行为语,程式化比较突出,但在所收集的语料中,99% 的汉语请求言语包含"起始行为语",但呈现形式比较丰富,通常由各式的称谓或"你好"等问好之类的话语构成,起到引起受话人注意的作用,这些不仅首先表现为礼貌语或敬语,也是交际双方社会关系的构成,这与英语的习惯存在明显的差异。亲切得体的称呼——亲族称谓语和非亲族称谓语的使用,尤其是亲族称谓语在非亲族关系中的使用,能缩短对话双方的距离,同时也使受话人难以拒绝。"中心行为语是强制成分,必须出现",而起始行为语和辅助行为语是选择成分,既可能出现也可能不出现,在汉语中有时出现在中心行为语之前也有时在之后,即可能是前序列成分也可能是后序列成分。调查结果还显示,在交际双方为亲密关系或行为的难度较低的情景中有时也会省略辅助行为语,中心行为语单独出现,这些明显体现出中国社会文化特征。

(2)请求策略类型的运用。

从总体上来说,在汉语中人们多采用间接性请求策略类型来实现其请求行为,使用率为 74%。在直接性请求中,祈使句式是常用的请求策略,使用率为 21%;汉语中较少使用需求式请求策略,即使在关系比较亲密的亲朋之间,也尽量避免冒犯他人,使用率仅为 5%。在间接性请求中,内嵌式祈使的使用率最高,为 29%;允许式请求与暗示的使用率也不低,分别为 21% 和 13%;而非明晰问句式指示策略的使用率为 11%。这几种间接策略的广泛运用,反映了它们符合中国社会的礼貌规范。在请求言语行为中,这几种间接策略一方面可使人听起来语气缓和,不给人以强加的感觉,体现出对他人的尊敬;另一方面又给对方(至少在表面上)留有选择的余地,且汉语中的礼貌内涵首先是"尊重他人",其次才是"顾全自己",这几个策略兼而有之,因此在汉语中被广泛运用。而且,据实地观察,在对这些间接请求方式进行具体运用时,他们的请求话语通常包含在冗长的解释中,即请求者在请求前尽量为其建立一个请求缘由的情景框架,来证明其请求的合理性,照顾到双方的面子。这一点与英语中所采取的以句法结构变化"直入主题"来实现其请求的方式有着显著的不同,这是由于各自不同的思维模式造成的。

(3)说话双方之间的社会关系与请求策略的选择。

Brown 与 Levinson 认为社会关系(社会距离及社会权势)对决定请求策略的选择起着重要的作用。Ervin-Tripp 和 Blum-Kulka 对英语中的请求言语行为的调查研究也证明了这一点。那么这一现象在汉语中的表现又是如何呢?从 50 名被调查者对问卷的第二部分的回答情况的统计数据(如表 3-1 所列)来看,这一观点同样适合汉语中请求策略的选择且表现得尤为显著,在不同的社会关系中,相同的请求策略被使用的百分比差距很大。

表 3-1　说话双方之间的社会关系与请求策略的选择(%)

| 策略 ＼ 社会关系 | 上级与下级 | 长辈与后辈 | 同辈(亲密) | 同辈(疏远) | 下级与上级 | 长辈与后辈 |
|---|---|---|---|---|---|---|
| 需求陈述 | 12 | 12 | 6 | 0 | 2 | 28 |
| 祈使语句 | 68 | 76 | 54 | 14 | 2 | 16 |
| 内嵌式祈使 | 32 | 10 | 42 | 52 | 70 | 66 |
| 允许式请求 | 0 | 0 | 36 | 52 | 58 | 68 |
| 非明晰问句式指示 | 22 | 20 | 28 | 30 | 22 | 26 |
| 暗示 | 24 | 24 | 24 | 26 | 16 | 28 |

社会关系和距离对请求策略的选择影响很大。在上级对下级实行请求言语行为时,汉语与英语中的表现类似,大部分的人选择祈使句与需求陈述这两种策略,但与英语相比显著不同的是,汉语对较间接、委婉的内嵌式祈

使及暗示策略的使用也较多，这是因为上级想体现其和蔼可亲的态度，淡化与下级之间的权势差距，拉近与下级间的距离，表现其亲和力，并以此来赢得人心。在长辈对后辈施行请求言语行为时，采取祈使请求方式与非明晰问句式指示请求方式的较多。这有可能与中国社会所崇尚的伦理有关。由于"身份制"等的影响，长辈请求后辈去干某事是"名正言顺"的，通常采用命令的言语方式或在双方对请求行为都很清楚的情形下采用比较间接的言语方式。在这种背景下通常不用含有比较尊敬语气的内嵌式祈使与允许式请求这两种请求方式。如家长让其孩子把门给关上时说："你能把门关一下吗?"或"打扰了，我可以请你把门关一下吗?"这种在其他语境中也许比较礼貌得体的请求言语行为，在汉语中就会显得让人不可接受，除了说话人想幽默一下外，在传统中国人看来，这会有点折煞了后辈。在同辈之间，请求者与被请求者之间关系的远近程度，对请求言语方式的选择有很大的影响。在关系较近的同辈且请求难度不太大的情形下，祈使句这种请求言语方式运用得比较普遍，但二者在请求语中存在明显的文化差异。从被调查者的答案及日常观察的情况来看，汉语中的"请"这个礼貌用语没有英语 please 的使用频率高，在英语中 please 的使用范围比较广泛，即使在家庭成员之间也频繁使用，在某种程度上它被看成是礼貌标识语，在请求中能减少发话人对受话人面子的威胁，起到缓和语气的作用。但在汉语中"请"字多用于下对上或陌生人之间，"圈内人"间较少使用，有"见外"之嫌，尤其是男性之间，有时甚至用比较粗鲁的话语来显示两者关系的亲近以及在很多信息上的共享，若过分委婉则会让对方感到生分，觉得拉开了两者间的距离，"请"在汉语里的一大功能是距离标识语，这也许与"群体取向"有关，中国文化注重人际的和谐，亲朋好友之间遵循"亲近准则"。关系远一点的同辈之间，从其运用的话语本身来说就要间接、委婉、礼貌多了，通常选择允许式请求与内嵌式祈使这两种请求方式的较多。在下级对上级施行请求言语行为时，可看出选择允许式请求这种很间接、委婉的言语方式的较多。而在英语中虽然在工作中地位低者向地位高者发出请求时也用这种方式，但却不是很常见，没有像在汉语中使用的频率这么高。中国社会历来是个"差序格局"明显的社会，"我可以……吗?"之类的话语能够显示出对听话人的意志的尊重。在下级与上级之间存在着社会权势的差距，下级通常（至少在表面上）应该尊敬且服从于上级，以上级的意志为行为准则，不敢冒犯上级，因此，在对上级施行请求这一言行为时,通常都小心谨慎,很间接、婉转,以顾全被请求者的面子为主。在后辈与长辈之间,运用允许式请求方式的较多,需求陈述请求方式的运用也有一定的比例。例如,孩子想要妈妈给他买一件新衣服,会说:"妈妈,我要一件新衣服。"这一点与英语中的请求方式有显著的不同,在英语中,这种需求陈述通常用于长辈对后辈的请求中。

(4)请求行为难度对请求策略选择的影响。

请求行为的难易程度对请求行为方式的选择也有着很大的影响。在测试调查所设计的 18 个情景中,设置了 6 个请求行为难度相对较大的情景,在这些情景中,无论双方的社会地位或社会距离如何,很少有人选择需求陈述与祈使这两种直接的请求策略,而较多地选择了后面几种比较间接的请求策略,其中选择允许式请求与暗示这两种策略的占了大部分,这点与 Ervin-Tripp 所得出的结果有点类似。值得一提的是,根据问卷的第三部分被调查者所回答的问题的结果来看,在请求者进入请求"主题"之前,大部分都先有一个对其请求行为缘由的解释或说一些表达其歉意的客套话,如:"真不好意思,不知你有没有空,我有点事要麻烦你……"这与英语中的间接请求的先入"主题"后解释原因有所不同。从语料中还发现,在有些难度比较大的请求情景中,还伴随一定的加强词或缓和语,如"千万""无论如何""……您无论如何也得帮我这个忙""或许""或多或少"等,加强词通常用在关系比较密切的人之间,起加强请求之力的作用,缓和语通常用在关系和距离程度相对远点的人之间。英语文化受个人主义价值观影响,加强词较少。

## 3.5 影响请求言语行为差异的因素分析

以上请求言语行为的比较分析,说明了不同社会、文化群体在相互交往过程中在语用或社会语言规则方面表现出一定的差异。这里的原因很多也很复杂,但主要还是和社会环境、情景因素有关系,具体来说如:语言文化、价值观念、思维方式、社会规范及社会关系等。这里主要从语言文化、价值观念及社会因素几个方面来分析造成汉英请求言语行为策略使用差异的原因。

首先,从语义上来讲,汉英语言形式本身就存在差异,这是造成中英请求言语行为策略表现形式存在差异的重要因素之一。汉语是意合型语言,句子之间常靠内部的逻辑关系联系在一起,所谓"形散而神聚"。在间接请求的表达上,通常直接用言语而非语言形式来表达。即使要表达委婉的含义,也多用直接的形式,而对对方的尊重则借助于"请""麻烦您""帮忙"等语言内部的礼貌性词语。英语是形合型语言,句与句之间往往靠各种语言形式紧密结合,间接请求言语行为的表达可以借助其丰富多变的形式组合,如可用情态动词的过去式表达委婉的请求,或用疑问句和升降语调表示请求的内容或说话人的语气。

其次,不同的文化价值观念是造成中英请求言语行为的差异的重要原因。"中西文化价值体系中最显著的差异之一就是对群己关系定位的差异",也就是集体主义取向和个人主义取向的差异。霍夫斯泰德对四十个国家和地区个人主义取向程度的调查表明,美国社会中的个人主义取向占第一位,英国占第三位,香港地区占三十二位,台湾地区占三十六位(关士杰,1995;贾玉新,1997)。可见中英文化在个人主义—集体主义价值观方面差距甚远。英语文化被称为"我文化"(I-culture),崇尚个体主义,西方人的在与个人主义联系最紧密的文化传统中,没有比"自立"意识(self-reliance)更强的了,自我意识是英语文化价值观的组成部分,个人的身份、作用、独立性和自主性受到尊重,它支配着人们的行为,影响着人们生活的方方面面。跨文化交流学者拉里·A.萨母瓦和理查德·E.波特说:"在西方文化中个人是至高无上的,个人主义是首要的和肯定的价值观。这种价值观在美国可能是主导一切的。"(关士杰,1995)这种崇尚个人主义的价值观与中国文化的集体主义价值观形成鲜明对照,中国文化崇尚集体主义的"淡我文化"(I-less culture),中国的集体主义价值观以群体为中心,集体高于一切,强调群体的和谐,个人与集体的联系紧密,人与人之间相互依赖的程度高。在这种集体主义文化影响下,中国人强调集体利益与集体归属感。中国人的集体主义价值观还与儒家思想的影响密不可分。统治中国传统文化的儒家思想的核心之一是"仁","仁"字由"二"和"人"组成,讲的是人我关系,它告诉人们必须把自己融入集体。"仁"是仁心,是做人的标准,是人生的最高理想。"己欲立而立人,己欲达而达人",即一方面要立(自立),一方面要立人(助人)。尽管现代中国文化受到西方文化的影响和冲击,但集体主义仍然是中国文化价值观的主流。

再次,请求行为常常受制于诸多社会因素,权力差距是指人与人之间社会地位不平等的状况,是各种社会文化群体中普遍存在的现象。不同文化在处理权力不平等问题的方式上不尽相同。根据霍夫斯泰德的调查结果,权力差距指数高的国家和地区有中国、菲律宾、墨西哥、委内瑞拉、印度、新加坡、巴西、法国、哥伦比亚等,权力差距指数低的国家有美国、加拿大、澳大利亚、英国、爱尔兰、新西兰、丹麦等。可见,中英文化在权力分配方面存在很大差距;中国属于差序格局的社会结构,英语属于平行的社会结构。(苏文妙,2003:22—23)

中国受传统宗法社会制度的长期影响,服务于这种宗法社会制度的是伦理。伦,即辈分;理,即等级次序所遵循的规律,每个人做什么、不做什么、说什么、不说什么,该怎样说、不该怎样说,都取决于其特定的社会身份,受到"上下有义""贵贱有分""长幼有序""男女有别"等各种社会规范的制约,强调群体的和谐,人与人之间相互依赖程度高,人们根据对方的地位来决定话语模式。英语文化,与中国文化的差序格局形成鲜明对照,尤其是美国的社会结构基本是平行的,个人与集体的关系较松散,人与人相互依赖程度低,无论是家庭成员之间还是上司与下属,人们倾向于建立一种平等的人际关系。(贾玉新,1997)

以上文化价值与社会关系等因素使不同社会背景的人在请求行为方面往往会有很大的差异,这点在汉语中的体现尤其明显,中国人在表达请求时受社会关系和社会距离的影响很大,请求策略的选择应符合自己的身份或视双方的关系而定。一般来说,汉语请求言语或非常直接(尤其当位高者对位低者请求时),或非常间接(如以暗示或迂回方式)。在社会关系或社会距离近的"同一性""平等性""圈内人"或家庭内部人员之间多采用直接请求策略,特别是在关系比较亲密的人之间,这与集体主义价值观密切相关,人们注重互助和相互依靠,常把亲友的请求当作自己应尽的义务和责任。在实施请求行为时,一般遵循"亲近准则",即语言越显得亲近越礼貌,亲朋好友之间的请求过分间接或客气越会被视为"见外",会疏远彼此的关系;反之,越直接越显得亲近,形式上最不礼貌的直接策略是最得体的。(苏文妙,2003:29)而且受中国传统差序格局的影响,位高者向位低者、年长者向年幼者提出请求"名正言顺",措辞一般无需"委婉""间接""迂回",只要直接陈述其指示即可,惯用祈使句和陈述句,在父母眼里,他们的请求相当于命令;而位低者满足位高者的要求在双方看来也是合情合理的,被请求者会把别人的请求行为当作自己应尽的责任和义务。但位低者对位高者、幼者对长者进行"请求"则"名不正，言不顺"，必须小心谨慎，尽量表述得间接、委婉或暗示、迂回，像"请您……""可以不可以……""能不能……""……，行吗/好吗/可以吗?"等缓和语，尽量减少语言表达的强迫性，通常遵循"得体准则"，惟恐冒犯对方。此外，在起始行为语的使用上，汉语的请求言语行为形式丰富这一特点除了与汉语丰富的称谓系统有关外，还与中国集体主义价值观影响下的人际关系有着密切联系。与美国文化强调距离感相反，中国人际称谓准则是尽量缩小距离。亲切得体的称呼——亲族称谓语和非亲族称谓语的使用，尤其是亲族称谓语在非亲族关系中的使用，能缩短对话双方的距离，同时也使受话人难以拒绝。

英语文化受个人主义和平行社会关系的影响，在英语文化中，强调以个体价值至上，个人的权利、自由和平等高于一切，不受他人思想、情感所左右，尊重个人的权利和行动的自由。他们认为请求别人会占用别人的时间，在一定程度上侵扰了对方的个人自由。这种文化影响在请求言语行为使用上的体现就是人们倾向于采用间接的请求策略，以尊重受话人的自由和权利。即使在父母与孩子之间、夫妻之间，间接请求策略使用也比较普遍。直接策略，尤其是祈使请求语被很多学者(Lyons,1968;Clark&Schunk,1980;Wardhaugh,1985;Searl,1975;Lakoff,1977;Leech,1983)认为是最不礼貌的策略(Sifianou,1992)，人与人之间，哪怕上级对下级、父母对子女、教师对学生，实施命令式"请求"都会被当作"对个人权利和自由的侵扰"，而规约性间接策略被美国人认为是最礼貌的(Blum-Kulka,1987)，因为它给被请求者留有余地，不"强加于人"(Blum-Kulka,1980)。美国父母多注重与子女的平等，他们对孩子如同夫妻之间一样礼貌，倾向于通过规约性间接请求策略表示对孩子个体的尊重。(苏文妙,2003:22—23)美国人的这种交际风格旨在给每个成员"独立的个人空间"。(Blum-Kulka,1990)

## 本章结语

从以上对调查结果的对比分析中可以看出，由于文化价值观不同，英汉请求言语行为体现出鲜明的社会文化特征。请求言语行为在中英文中所体现出的结构具有相似性;在具体请求言语行为策略的使用范围与比例上存在着一定的差异，这其中反映了各自的鲜明的礼貌、文化内涵。在汉英两种语言中,请求言语行为基本策略的运用具有相似性,且都受到社会关系的影响,只是这种影响在汉语中更为突出;由于两类社会不同的礼貌文化观,这些策略在两种语言中的运用范围、频率以及具体形式上存在一定的差异。通过本章对请求言语行为的调查分析,人们可以对中英不同请求方式有所了解,在进行跨文化交际活动中,应尽量避免在这方面出现一些语用失误。

# 邀请言语行为的跨文化研究

*4*

随着社会交往的频繁,跨文化对比语用学被学者们广泛关注,既有对不同的语言在相似场合的言语行为的实施进行对比研究,也有对来自不同文化背景的人们在进行跨文化交际时言语行为的特点进行研究。通过对特定言语行为在不同文化语境中的使用情况的对比研究,可以增进跨文化交际中信息的沟通。跨文化言语行为的对比研究最具影响力的是由 Blum-Kulka、Kasper(1989)负责的跨文化言语行为研究项目(CCSARP),该项目对八种语言及其语言变体中的请求和道歉等言语行为做了系统的对比研究。迄今为止,与其他言语行为的研究现状相比,对邀请言语行为的对比研究则相对滞后,目前对邀请言语行为的研究成果大部分都是基于某种语言的本体研究,对比研究还很少。美国社会语言学家和人类学家曾对邀请言语行为进行过社会调查,搜集了不少资料和数据,他们得出的结论是,这一言语行为可能受到包括社会关系、角色关系、年龄、性别、职业、场合以及文化等因素的影响。本章依据美国语言学家的调查方法和结果,立足于文献分析和调查观察,对中英文化中这一言语行为进行一个实证的比较和分析。

## 4.1 邀请言语行为的界定

邀请这一言语行为是各文化、各社会、各群体所共有的普遍性言语行为之一。《现代汉语词典》(2005 年版)的释义中"邀请"为动词,意思是"请人到自己的地方来或到约定的地方去"。人们在日常交往中的约会、访问、宴请、聚会、庆典等无不涉及邀请。它是一门学问,是打开有效交际之门的钥匙,起着调节社会人际关系、促进社会和谐的作用。

邀请从形式上,可以分为书面邀请和口头邀请。书面邀请指通过写信或发送请帖的形式进行的邀请,包括邀请信、邀请函、请柬、请帖等;口头邀请指打电话或当面以口头形式进行的邀请。书面邀请是一个单向的行为,而口头邀请是一个互动的协商过程。从邀请的功能和性质来分,邀请言语行为可以分为两类:一类是无歧义的、完整的邀请言语行为,即真邀请。它必须明确时间、地点或活动并请求对方做出反应,这些邀请言语行为还包括一个问题式或评论式的"话头",用以引导邀请语的发出。另一类邀请言语行为是有歧义的,或者说是不完整的邀请,被称为客套式的虚假性邀请,它只不过被人们用来维持现有良好和谐的社会关系。在英语文化中,客套性虚假性邀请大多时间不确定,常用祈使句的形式,使用模糊时间词,例如:Let's have lunch together sometime. 人们习惯于在告别的时候以此类的言语表达良好的意愿,主要是礼貌的客套话,但是谁都不把它当作必须履行的义务。汉语中也有以这种貌似邀请的虚假性邀请表达说话人的愿望,听话人也只是简单地说"好的"等应答表示知道了说话人的意图,如,人们在告别的时候经常说:"有空儿来玩啊!"看上去是邀请,其实是告别语。Isaacs & Clark(1990)认为,虚假性邀请是交际双方互明的礼仪性行为。

本研究所涉及的是真实的口头邀请言语行为,即:说话人真诚请求听话人去做某事或共同参加某个特定活动,其邀请信息交流过程和信息反馈过程是同步进行的。在言语行为理论中,言语行为指的是在一个言语中说话人意图的实现,根据"邀请"的释义,邀请言语行为表达的是说话人要求听话人参与某种特定的场合,也就是说它的"言外之的"是说话人试图让听话人去做某一件事,所表达的心理状态是希望或者愿望,因此可归纳为 Searle (1976)的指令类言语行为(directives)范畴。Hancher(1979)认为,当说话人发出邀请时,他不仅在对听话人发出指令,而且同时也在实施一个承诺类的行为,在邀请别人的同时,说话人自己也在承诺一个将来的行为,Hancher 将邀请归入承诺型的指令(commissive directives)这样一个言语行为类别。Leech(1983)认为邀请言语行为是给听话人提供享受或获取某种好处的机会,是让听话人或说话双方都受益的一种言语行为,"言外之的"和礼貌是一致的,它们之间的关系是和谐的,属于和谐类(convivial)的言语行为范畴,对听话人来说本质上是一种维护面子的行为。但是,从 Brown & Levinson (1978)的面子理论来看,邀请具有两面性:对于邀请者 A 而言,它是面子威胁行为,因为不愿侵犯被邀请者 B 的消极面子(即 A 不愿自己的行为妨碍他人),这同时暗含着对 A 的积极面子的损害;对于 B 而言,它是面子支持行为,因为邀请具有对 B 的面子需要进行补偿,恢复 A 和 B 之间的均衡关系的功能。赵刚(2004)认为邀请是以请求对方共同参加某个特定活动为目的,而且可能是邀请者和被邀请者均受益的言语行为。

众所周知,邀请言语行为与其他言语行为相比有其独特的地方,它并不是以孤立的形式出现,而是以会话链的形式出现,一个话轮接着一个话轮,有一个步步协商的过程,而且邀请作为一种言语行为其表达形式可以是直接的,也可以是间接的。"邀请"与"请求"不同,尽管邀请也有要对方做某事的含义,但它是一种对双方都有利的言语行为:你接受了我的邀请,给了我面子,也没有损失什么,还极有可能从我的邀请中获利。邀请的目的不同、被邀请对象的不同以及与被邀请者之间的关系不同,都导致了邀请方式的不同。邀请方式是多种多样的。邀请行为的实施策略会因社会关系、社会地位、性别、年龄等社会情景因素而异。为了保持人际关系的和谐和社会交际活动的正常运转,那么了解和遵守邀请的规范就显得特别重要。若邀请的语言、方式得体,则双方皆大欢喜,被邀者欣然赴约,邀请者颜面增光;但若邀请时言语不妥,不仅好心不得好报——邀请失败,甚至可能将双方多年的交情付诸东流。然而如何发出邀请,对其如何解释、如何反应等却因文化不同而迥异。在这个意义上,很有必要调查邀请言语行为在不同文化中是如何实施的。不同社会对邀请这一言语行为有不同的社会规范、社会期望,这就是为什么不同文化背景的人的相互邀请经常失误的原因。

## 4.2 邀请言语行为的国内外研究现状

国外对"邀请"言语行为进行的研究比较早,开始于20世纪80年代,比较有代表性的是美国语言学家 Nessa Wolfson (1979,1981,1983,1989)。她使用民俗学的方法从经验主义的视角对美国中产阶级的口头邀请言语行为进行了较为详细的研究,认为美国人的邀请过程是一种双方共同协同的过程,而且邀请中通常有一个"话头"以询问或评论的形式出现,对邀请核心言语行为的发出起着辅助作用。Holmes(1995)对邀请言语行为的性别差异进行过调查研究,她认为邀请言语行为受到性别、角色关系等因素的影响。其后 Suzuki(2009)在语料的基础上,对美国大学生在邀请情景、邀请的策略等方面进行了全面的研究。

国内关于"邀请"言语行为的研究开始于20世纪90年代,主要从本体研究、跨文化对比和二语习得等视角进行,本体研究及简略描述性的研究较多。

(1)汉语本体"邀请"言语行为的研究。

汉语邀请言语行为的研究大多集中在邀请言语行为的实现形式、会话模式、影响邀请策略选择的社会参数、非真诚性邀请的成因及特性等方面的研究。Mao Luming (1992)和顾曰国(1990)从文化特征的角度对汉语邀请言语行为进行了分析,他们认为汉语邀请言语行为是一种高度程式化的行为,中国人的邀请是相当程式化的复杂的互动活动,一个邀请通常都会经过这样一个会话协商模式:邀请——推辞——再邀请——再推辞——坚持邀请——接受,在中国人日常交际中很难发现有人仅用"是"或"不是"回应别人的邀请,邀请要经过几个话轮的努力才能达成,在邀请别人做某事时,中国人更多考虑的是自己的面子,如果对方不同意,就是丢了面子。白解红(2000)认为邀请言语行为存在性别差异,男性较女性易于发出较少的,但更为具体的"邀请",相应地,女性发出的邀请,一般不具体,较模糊,通常是借此表达自己良好的意愿,而不承担任何承诺。石景玲、李淑兰(2002)对中国大学生回应拒绝邀请的礼貌策略的性别差异进行了调查研究。赵英玲、于秀成(2002)对汉语中非真诚性邀请言语行为的研究,主要考察了 Searle(2001)的适切条件在汉语非真诚性邀请中所发生的偏离及产生这些偏离的原因。凌来芳(2004)在对中国大学生观察、访问以及问卷的调查形式的基础上,采用定性与定量相结合的方法,从句子和话语两个层面对中国大学生汉语"邀请"言语行为的实现方式进行研究,包括话语模式、语用策略以及社会功能,并分析讨论了影响汉语中邀请言语行为发生和语用策略选择的因素。曹钦明(2005)收集了中国近现代小说、话剧中关于"邀请"言语行为的对话的语料,并在此基础上分析了汉语中邀请话语的特点。柴思(2009)对礼节性邀请进行了研究,重点探讨了汉语礼节性邀请策略类型及其与社会距离之间的关系。

(2)邀请言语行为的跨文化对比研究。

邀请言语行为的跨文化对比研究大多是描述和思辨类研究。如,Mao(1992)、贾玉新(1997)等对汉英邀请的个例进行了描述性的对比研究,认为汉语中的邀请言语行为与英语相比呈现高程式化的特征。黎运汉(1996)简略分析了中外文化的差异造成邀请言语行为交际的失误。贾玉新(1997)根据自己的观察和切身体会,结合 Wolfson(1979,1983)的研究成果,对中美两个不同社会中的邀请言语行为从社会分布、社会功能、预约、协同过程、被邀者受益情况、邀请方略、邀请对象、活动、文化取向等方面做了一个试探性的比较和分析。彭增安(1998)简要说明了说汉语的人和英美人在邀请回应方面的差异。周梅、张啸(2002)简单举例说明了中西邀请语在话语结构上的差异。这些描述性对比研究尽管取得了一定的成果,但是它更多地依靠个人的经验,容易以偏概全,随机性很大。在实证研究方面,阮谨(2003)从 Brown&Levinson(1987)的正负面子出发,总结了英汉邀请信中的礼貌策略的类型,并认为造成英汉礼貌策略差异的原因主要是参与者的社会关系和社会距离。乔丽苹(2005)以大量的中英"电话邀请"为语料,对比分析了两种电话邀请模式的差异。尽管是电话邀请,但是中国人还是偏向于多次的"邀请——推辞"过程,并在结尾表示对对方的关切和敬重;而英语国家的人的邀请行为是一个坦诚的协商过程,在一个邀请话头后进行协商,如果对方同意就会马上确定时间、地点,如果不同意则会话结束。王冬梅(2007)通过对特定情境及社会参数的限定,研究中西方在"邀请"中礼貌策略选择的异同。(张蕊,2010:106)

(3)从二语习得视角考察"邀请"言语行为的研究。

宋安琪(2008)以语篇补全测试法、访谈法调查了中文初级水平和中文高级水平的留学生实施汉语邀请行为的情况,并与汉语母语者进行了对比,研究表明留学生邀请策略类型使用得较少,使用最多的是询问型;另外,虽然留学生意识到社会权势和社会距离对邀请的影响,但是在不同场合的邀请策略选择上还是与汉语母语者有一定差异,并出现一些语用偏误。(张蕊,2010:105—106)

综上所述,在邀请言语实证研究中,由于收集语料的方法和范围受限制,大多都是对邀请言语行为的话语模式、会话结构、邀请策略类型等汉语本体的研究,缺乏跨文化对比的实证研究;而邀请言语行为的跨文化对比研究则主要集中在研究中西方邀请行为中礼貌策略的异同,更多的是仅从中外对比的角度对汉语邀请的话语结构特点进行简略的说明。Wolfson(1989)在研究"邀请"言语行为时,就曾提到过要用日常生活中真实发生的对话为语料,才能真实地反映邀请行为的特点,正如 Blum-Kulka(1984)等人对"请求"和"道歉"言语行为的研究一样,从"邀请"言语行为的会话模式、实现形式、影响其策略选择的社会参数等方面对邀请行为加以考察并进行对比研究是必要的。因此,如何在语料的基础上,对邀请言语行为的跨文化对比进行实证研究方面还待进一步拓展。

## 4.3　邀请言语行为研究的问题和方法

### 4.3.1　研究的问题

　　邀请言语行为是言语行为研究的一个重要组成部分。在观察和调查的基础上,以 Wolfson 以及 Suzuki(2009)对美国大学生邀请言语行为的调查研究成果为依据,对邀请言语行为的实施情况进行跨文化语言对比研究,主要集中在邀请的场景,邀请策略的特征等方面,在问卷调查的基础上,探讨邀请言语行为在中美不同文化语境下的运用情况,尤其是在邀请策略的话语结构等方面有哪些相似点和差异性。

### 4.3.2　研究方法

　　由于邀请话语的特殊性,同时也为了尽力确保所收集材料的真实性,本研究参照 Wolfson 以及 Suzuki 的研究成果和研究方法,采用观察记录(observation sheet)的方式来收集语料,为了确保学生不受英语思维的影响,调查对象是本科非英语专业大一和大二的学生。让学生观察和记录近两个月时间内发生在自身或周围的邀请言语交际情况。所记录内容包括说话人的年龄、性别,双方之间的关系、时间、地点,以及整个邀请的对话内容。经过2 个月的观察,共收回 173 份观察记录,有效记录 154 份。

## 4.4　邀请言语行为的研究结果分析

### 4.4.1　邀请情景的对比

　　结合 Suzuki 对美国大学生的邀请言语行为中所出现的邀请场景以及本次调查的结果,归纳中美学生常见邀请场景,如表 4-1。

表 4-1　邀请场景

| 邀请情景 | 美国学生 | 中国学生 |
| --- | --- | --- |
| 吃饭(meal) | 15.1% | 50.1% |
| 聚会(party) | 41.3% | 9.8% |

续 表

| 邀请情景 | 美国学生 | 中国学生 |
|---|---|---|
| 体育活动（event） | 15.3% | 9% |
| 逛街（shopping） | 0.7% | 5.1% |
| 家里或宿舍（house or dorm） | 7.9% | 6.1% |
| 出去玩（going out） | 6.5% | 6.8% |
| 娱乐活动 | 13.2% | 13.1% |

从表 4-1 中可以看出,中美学生在邀请行为发生的情景上有相似性,但是在情景的比例上还是有一定的区别,这和中美之间的文化差异有一定的关系。中国学生的邀请行为大多发生在吃饭的时候,某种程度上体现了中国文化中"民以食为天"的特点。而美国学生的邀请行为多发生在聚会上,这也是美国文化中交际文化的特点决定的。Suzuki 的研究显示,美国学生的邀请多发生在熟人之间,这和对中国大学生的调查结果有一定的相似性。

## 4.4.2 邀请言语行为序列对比

Blum-Kulka(1989)等在言语行为实现模式的跨文化研究中首次提出了分析言语行为的三个层面。Wolfson 和 Suzuki 通过调查认为邀请言语行为的完成一般来说由下列序列构成:起始行为语、辅助行为语、核心行为语。也就是说,邀请行为的完成一般要经过三个基本步骤。①起始行为语(alerters):其功能是吸引听话人的注意。一般为称呼语、提醒语和礼貌用语等。②辅助行为语(supportive moves):Wolfson 把它称之为"lead"(邀请话头),对接下来的邀请行为的发生起铺垫作用。③核心行为语(head acts):其功能是标明所完成的行为。

Suzuki 归纳出在美国大学生中三种最典型的邀请序列:

①称呼语(address,vocative)＋描述邀请事件＋询问式邀请核心语。如:Hey,I'm having a party tonight. Do you want to come?

②称呼语＋假设＋询问(vocative＋hypothetical＋interrogative)。如:Hey,you might have finished your assignment. Would like to go to the dance tonight?

③称呼语＋对邀请事件成功的可能性的询问＋询问式邀请核心语。

如：Aaron, are you doing anything tonight? Would you like to go get something to eat?

那么在中国学生发起邀请言语行为时是否也是有以上三个序列呢？其分布情况又是如何呢？通过所收集语料统计，对比结果如表 4-2。

表 4-2    邀请言语行为的序列

| 邀请序列 | 邀请起始行为语 | 邀请辅助行为语 | 邀请核心行为语 |
|---|---|---|---|
| 中国学生 | 98％ | 67％ | 100％ |
| 美国学生 | 99.3％ | 98％ | 100％ |

表 4-2 说明汉语中邀请行为也是基本通过以上三个基本步骤完成的。这与 Suzuki ,Wolfson 等的研究结果存在相似性，说明邀请行为的序列具有普遍性特征。但同时所收集的语料显示出汉语中邀请行为的完成并非都经过每一个步骤。从各序列在话语中所占的百分比可看出，核心行为语是必定出现的，而起始行为语和辅助行为语有时出现有时不出现，尤其是邀请辅助行为语序列与 Suzuki 对美国学生和 Wolfson 对美国中产阶级的调查结果有着显著的区别，在汉语中辅助行为语出现的频率没有在美国学生中那么高，而是在起始行为语后直接发出邀请核心行为语，核心行为语单独使用的情况相对比较多，大部分的邀请言语行为都是直接发出的，缺少一个协同的过程，而且辅助行为语在汉语中多见于前序列。调查结果还显示，核心行为语的单独出现，在交际双方为亲密关系或行为的难度较低的情景中比较常见，这和汉语的强语境文化有一定的关系，大量信息融会于语境中，受语境影响制约程度高，因而一方面既依赖于语境理解话语意图，另一方面又赋予话语于表现形式上的独立自主性。

## 4.4.3    邀请辅助行为语的对比

为了达到某种邀请的目的，人们通常采取间接的方式，就是说用某种辅助、铺垫的方式，作为邀请行为发出的信号，即"预邀请"（pre-invitation）的模式，我们称之为"邀请辅助行为语"，又被称之为"邀请话头"。我们可以把它看成是建立邀请本身的条件，或是对话双方的一个协商过程，只是这种过程先于邀请行为本身而已。例如人们常讲的"你今晚忙吗？"可以看作是某种邀请的"邀请话头"。Wolfson 把这种话头称为"lead"，根据 Wolfson 的观察,英语中一个完整的邀请言语行为还包括一个问题式或评论式的"话头",用以引导邀请语的发出。话头的类型包括:①邀请行为发出的信号;②邀请者的意愿,但不承担任何承诺;③联系过去的相关话语。

在所收集的154例中国大学生邀请会话中只有23例以"无标记"(unmarked)的形式出现,即邀请言语行为是直接发出的没有一个邀请前序列的过渡,也就是说话语结构没有那么复杂,没有经过一步步协同的过程邀请行为就直接发出了。此外剩下的129例都具有一个前序列的话头,此后邀请行为才发出。也就是说,邀请是双方经过一步步的协同过程才发出的,直到达成双方约定的言语行为。这些语言序列通常是给会话开个头或赢取对方的注意,通常是与邀请事件相关的言语、对邀请事件的一些必要的解释或者是补充。在下面通过所收集的语料来分析汉语中的一些典型的邀请话头特征。

(1)与邀请事件相关的问询。

在所搜集的语料中,这种邀请话头(54/129)是最常用的一种。语料显示,这种话头为接下来邀请言语行为的付诸实施建立了可能性。邀请者要么发出一个问句要么通过陈述引出想得到的信息,暗示受话人接下来可能发生的言语行为。例如,说话人可以提出一个问题来寻求受话人在特定时间里接受邀请的可能性。比如:"你星期六晚上准备干吗?""你明天有什么安排?"

分析下面2个典型的邀请话轮:

例1　两位好朋友之间

A:文君啊,这个星期天有没有时间啊?

B:有呀,干什么啊?

A:去我家吃饭,好不好?

B:那不太好意思,呵呵。

A:咱俩之间还有什么不好意思的。到时候别忘了啊!

B:好的。

例2　两位室友之间

A:你今晚上所有的考试都结束了吧?

B:我想应该是都结束了。

A:你看过《手机》吗?挺有意思的。

B:没看过。

A:那我们一起去看吧!

例1和例2是汉语中常见的邀请言语行为,邀请者在会话开始询问被邀情者与邀请事件相关的信息,而不是邀请行为本身。实际上,邀请话语是在邀请者确认获得了他想获得的信息时才发出。这样邀请者就能保证他接下来的话轮能够经过这样一步步的协同过程朝着他意欲的方向进行下去,也保证其邀请行为一经发出就可以走向成功,从而降低潜在的面子威胁。

(2)询问受话人与邀请事件相关的兴趣爱好。

这种邀请话头(17/129)通常用来吸引被邀情者的注意,并以此来建立接下来的邀请行为实施的可能性和理想性,例如:

例3　两位老朋友之间

A:你喜欢听周蕙的歌吗?

B:我经常听,很喜欢。你呢?

A:那太好了。明天晚上我们学校有一场她的演唱会。过来吧,我这儿
　特地给你留了张票。

B:好啊,太棒了! 那我明天下午去你学校找你。

A:到了学校打电话给我,我来接你。

B:没问题,明天见。

在例3中,A询问与邀请行为具体相关的兴趣的问题以便为他计划的邀请行为寻找一个理由。A首先问B是否喜欢周蕙的歌,把会话引到他准备发出的邀请上,一旦A确定B很喜欢听周蕙的歌,他的预测是正确的,就发出了他计划好的邀请,这样一个成功的邀请行为就完成了,被邀请者的消极面子和他自己的积极面子的威胁在最大程度上得以减低。

(3)表达相关情感和意愿。

这种邀请话头(39/129)较前面2种邀请话头要隐含得多,可被称为"表达"类的邀请话头。因为在这样的邀请话头中,所要表达的只是一种情感没有涉及任何具体的约定或许诺。通常以下列形式表达出来:"前段时间忙坏了,现在终于可闲点了,你呢?"或"我们好久未见了,有点想你了啊。"这种邀请话头是如此模糊,以至于很多说话人寻思是否可作为邀请话头。然而,这种表达式的邀请话头用得还是比较普遍,如我们的收集的语料显示,这种话头通常用来引出会话,慢慢走向真正的邀请。

例4  两位好朋友之间

A:这些天在忙什么呢? 我都快闷死了,你怎么样?

B:和你一样,无聊。

A:有时间一块聚聚吧,这么长时间不见,都快忘了你们长什么样了。

B:太夸张了吧,到哪去玩呢?

A:到我家吧,我再叫几个好朋友,咱们一起做饭吃,肯定有意思。

B:那太好了。

这里 A 表达了他目前的情感状态,是为了引起 B 的共鸣。而 B 的回答肯定了 A 的期望。因此,A 接下来发出了他的邀请,两人很快达成共识。

(4) 与邀请事件原因相关的邀请话头。

这种邀请话头(19/129)经常是与邀请事件相关的原因,通常为一些邀请者认为此值得庆祝的理由。

例5  两位同学之间

A:我的录取通知书下来了,终于考上大学了。

B:真的,恭喜你呀。

A:我家在后天请客,你要来哦。

B:那就不了。你同学我都不认识。

A:那有什么,一回生,两回熟嘛。

B:还是不了吧。

A:不行,你不来,我就一再打电话,让你不得安生,然后去你家把你拖过来。

B:你真客气。好,好,我来吧。

例6  两位校友之间

A:你这几天上哪去啦? 运动会看了吗?

B:哦,去看一个同学了。听说你在运动会上表现的不错嘛!

A:(笑)还不错。我获得了好几项的第一,正准备庆祝一下。你什么时候有空,来参加我的 party 呀?

B:那当然要参加,随叫随到。

A:那太好了。就今天晚上吧!

B:好的。

在这 2 个例子当中,A 告诉 B 他的好消息来吸引 B 的注意,为接下来的

B分享他的幸福和意愿打下基础,从而使 B 顺利接受他的邀请。邀请者是用邀请话头来作为他正式发出邀请的铺垫。

从以上典型邀请话头可以看出,无论邀请话头以何种形式出现,它们都有一些共同的特征,那就是邀请话头中包含着一种与邀请事件相关的信息,要么事件、地点,要么相关活动以及期待的答复,目的是为接下来的正式邀请做好铺垫。邀请话头不仅仅起了一个引出话题的作用,而且预示了接下来的言语行为,即暗示对方下面将是对其发出邀请的言语行为,如果他给予合适的答复,会话能够协同下去,成功达到会话的目的,避免不愿得到的回答:拒绝。

图 4-1 显示了上述邀请话头在所收集的语料中的使用频率情况。

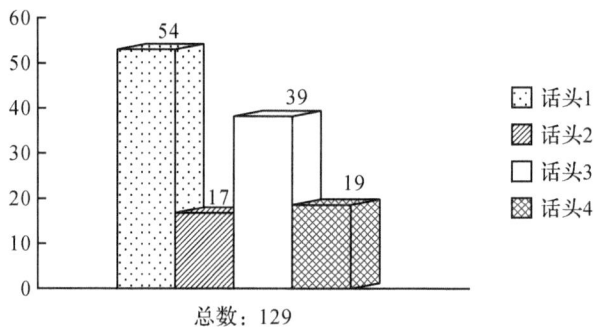

图 4-1    4 种邀请话头的使用频率

在这 4 种邀请话头中,可以看出第 1 种邀请话头使用最为频繁(54/129)。表达式邀请话头(话头 3)使用频率也很高(39/129)。话头 1 的广泛运用体现了汉语中邀请者的真诚以及对对方的尊重,因为真正的邀请一般都需明确时间、地点和活动等因素,而且得到对方的认同,邀请者尽量让被邀请者对他的说话意图有个清楚的认识,以此来确定接下来的邀请成功的可能性,同时给被邀情者一个心理准备,产生一定的邀请之力。这也是汉语中邀请语句程式化的体现,同时显示了邀请者对双方面子的考虑。话头 3 的运用也表明了汉语中的邀请很大程度是为了达到叙旧和维持友谊的目的,是以情感为中心的。

### 4.4.4    邀请核心行为语

邀请核心行为语是邀请言语中必定出现的一个序列成分,一个邀请言语行为的完成,邀请核心行为语起着重要的作用,这里很有必要对邀请言语行为的核心行为序列进行对比研究。

(1)角色指向性选择。

在邀请行为实施中,行为参与者的角色指向性通常有四种表现形式。说话人指向性,从说话人角度强调施事者角色,采用第一人称"我";听话人指向性,从听话人角度出发强调受事者角色,选择第二人称"你"或"您";群体指向性,兼顾说话人和听话人,选择第一人称"我们";有时还采取中立态度,使用无人称形式。

结合 Suzuki 所收集的美国学生语料及本次收集的中国学生邀请言语行为的语料,分析邀请语的核心行为语的指向性,如表 4-3。

表 4-3　角色指向性选择

| 人称 | 你/您(you) | 无标记 | 我(I) | 我们(we/us) |
| --- | --- | --- | --- | --- |
| 汉语 | 18% | 31% | 31% | 20% |
| 英语 | 55% | 12% | 22% | 11% |

表 4-3 表明在英语中听话人指向占相当高的比例,这一点同 Blum-Kul-ka 等人的请求言语行为的研究结果是相似的。常用的句式为:Do you want …？Would you like …？邀请句式的主语主要都是"you",主要是尊重听话人意愿的策略,这在某种程度上体现了美国文化中"不妨碍他人""尊重他人意愿"的文化内涵。虽然邀请是个礼貌的言语行为,但是在汉语邀请言语行为中,说话人指向性和采用无标记形式却是汉语的突出特点,这可能与汉语的文化特性以及汉语自身的句法结构特点有关,体现说话人的主动性,认为"主动向他人发出邀请"是让对方受益,是表示热情慷慨的礼貌行为。

(2)邀请核心语的句式。

根据 Searle 的间接言语行为理论和会话分析理论,通过对所收集语料的分析,邀请行为一般采用两种交际策略完成:直接策略和间接策略。直接策略通常使用祈使句、行为句或陈述句来实现,即说话人向听话人直接而明确地表达自己的邀请意图或说话人通过陈述自己的意图、愿望等向听话人直接发出邀请。话语相对比较正式或慎重,有时,可以增加语气词"吧"或商议词语"不如/要不"等。如:"小春,听说新开的那家快餐厅很好的,下课后我们一起吃饭吧!我请客。""下午我请你看电影《叶问》。""林老师,我们想邀请您参加我们明天晚上的迎新晚会。"间接策略则采用规约间接策略（如询问句式）、非规约间接策略（建议或隐晦的表达意愿）来实现。其典型特征是说话人向听话人征询采取行动的可能性或许可、表达自身的情感或意愿等来表达自己的邀请意图。此类邀请策略是建立在询问、商量等基础上，充分尊重了对方的面子，语气较为缓和。句式上常带有"行/可以/好吗""行不行/好不好"及"怎么样/如何"等询问性词语。如"明天我们去森林郊游，你要不要一起去？""星期五是我的生日，我准备宿舍的人一起聚聚，到时你愿意来参加吗？"

这和 Suzuki 在分析美国学生常用的邀请核心行为语时所总结的四种策略类型——询问式（interrogative）、假设式（hypothetical）、陈述式（declarative）、祈使句式（imperative）是基本一致的。询问式和假设式策略可归为间接策略类型，陈述式和祈使句式可归为直接策略类型，也就是说，从总体来看，在发出邀请时，中美大学生在核心语的策略的运用类型上基本一致。但是在策略使用的频率上是否有也是一致呢？因此这里我们把邀请行为的句式按直接策略和间接策略来进行统计对比。见表 4-4。

表 4-4　策略使用占策略总量的比例

| 　　　　　　策略类型<br>国别 | 直接策略 | | 间接策略 | |
|---|---|---|---|---|
| | 祈使句式 | 陈述句式 | 规约（询问句式） | 非规约（假设、建议或表达意愿） |
| 中国学生 | 48% | 13% | 27% | 12% |
| 美国学生 | 21% | 9% | 49% | 21% |

从表 4 我们可以看出，邀请策略在句式的使用频率上存在很大的差异。据 Suzuki 的调查显示：使用频率最高的核心语句式为询问式这种类型：如：Do you want … ? Would you like … ? 但表 4-4 清楚地说明在汉语中人们多采用直接交际策略实现邀请行为，这可能与汉文化中认为邀请是给对方面子的思想有关。此外，根据调查语料显示，在使用祈使句式策略时，较多时候使用语气词，如可缓和语气的"吧"，在使用询问型间接策略的具体方式上也呈现出差异，美国学生更频繁地询问被邀者接受邀请的可能性，而中国学生更多的是询问听话人的意愿或看法。这一结果与 Leech（1983）对间接性和礼貌关系的看法即"越直接越不礼貌，越间接越礼貌"存在相悖之处，因为

根据这种观点,非规约性间接策略才是最礼貌的策略类型,而我们在汉语中的调查结果否定了这一点。在邀请言语行为中,规约性间接策略一方面可使人听起来语气缓和,很少给人强加感,另一方面又给对方留有选择的余地,所以在美国学生中使用比较频繁,从某种程度来说,体现了对听话人消极面子的尊重,这充分体现了美国文化中的不妨碍他人自由的文化内涵。Searle(1979)曾论述过此类问题,邀请行为一般是通过疑问句间接地实现的,如英语中常通过询问对方的可能性、意愿等来达到邀请的目的。在这一点上汉语中多用"附加问句"方式表达,如"好吗?""行吗?""可以吗?""怎么样?"等。借此减缓冒犯他人的程度,同时也给人以亲切感。

## 4.5　影响邀请言语行为的文化因素分析

文化差异带来的是人们发起、商定和对邀请做出回应的方式不同,即不同社会对邀请言语行为设置的规范和期待各不相同。由于中西方文化的差异,中西方实施邀请的方式各异,而受邀请方的回应策略也各不相同,邀请言语行为的本身是用来建立、维系和谐友善的人际关系,所以邀请话语实际上是以社会规范为特点的。因此,当邀请发生在这两个具有不同文化背景的社会群体之间时,就有可能产生误解。

在英语文化中,人们对个人主义和行为自由非常关注,所以话语者总是以询问的方式发起邀请。据 Wolfson 和 Suzuki 对美国人邀请言语行为的研究,邀请言语行为一般具有商讨性、事务导向性。西方邀请言语行为注重信息传递,说话人不但关注对方的需求,也关注自己的需求。西方邀请话语主要以事务为导向,因为贯穿整个商讨过程的是对时间、地点等与邀请相关内容的详细讨论。一方面,邀请把接受或拒绝的压力施予受邀请者,另一方面,邀请者会面对可能的拒绝,说话人必须注意不妨碍对方的行为自由(消极面子)或各方同意的渴望(积极面子),毕竟,邀请是对占用他人时间的请求,以及希望与他人建立更亲密的社会关系。考虑到相互的积极面子和消极面子,邀请正式发出前往往有一个邀请话头,它向听话人暗示传递说话者邀请的意图,意在引出期望的信息,如果他的回应合适,话题发起者将随之发出邀请。而且在英美文化中,人们很在意显示出对对方私人空间的尊重,他们注重避免把自己的意志强加于他人,即使在他们试图让他人接受他们看来有益于他人的事物时也是如此。在邀请的整个商讨过程中,双方主要关注信息的传递,即就未来约定的时间达成共识。参与者努力比较各方的时间安排,看是否能找到对大家来说都方便的时间和地点。

在中国社会文化传统中,面子具有浓厚的社会属性,一个人一旦丢掉面子,就让自己在这个群体中处于尴尬的境地。从礼貌策略上来说,邀请具有两面性:对于邀请者 A 而言,它是面子威胁行为,因为不愿侵犯被邀请者 B 的消极面子(即 A 不愿自己的行为妨碍他人),这同时暗含着对 A 的积极面子的损害;对于 B 而言,它是面子支持行为,因为邀请具有对 B 的面子需要进行补偿,恢复 A 和 B 之间的均衡关系的功能。因此,中国人出于既爱面子、不丢面子,也不愿侵害别人面子的心理,一方面不轻易地邀请别人,另一方面又极力表示对他人的尊敬和礼貌之意,所以需用邀请话头尽可能地减轻这种面子威胁的行为。再者,从邀请言语行为的言语序列来分析,邀请话头即邀请行为的前序列结构的运用,可能与中国人的思维模式有关系。Scollon 认为,中国人在陈述主题时通常采用归纳推理模式,即话题推迟出现(topic delayed)。在中国传统的邀请行为中,很少有一两句话就能成功实施的邀请,大多数时候需要经过几轮的话语交流,大部分通常要经历邀请—再邀请—接受的过程。

而且在中国文化语境中,邀请行为关注参与者的内心情感共鸣,即邀请者和受邀请者的关系,可能受社会关系、年龄、职业、场合及文化等因素的影响。根据我们所收集到的邀请实例和观察到的例子,我们发现:汉语邀请言语行为受社会关系、年龄和性别的影响最大。这三者直接影响到了邀请者所要采用的邀请方式,即是否运用间接言语行为和礼貌策略。中国社会是一个非常重视关系的社会,尊老爱幼是中华民族的优良传统之一,人们重视伦理,"伦"即辈分,强调的是等级差别,每个社会成员在与其他人交往时行为要符合自己的身份,一个人该说什么,不该说什么,都是由他的身份所决定的。在这样差序格局的社会里,人们在发出邀请时,肯定要考虑自己要邀请的对象是谁,自己和他的关系如何,因为这些因素关系到自己该采取什么样的邀请方式、说话的委婉程度等。同样是一个人发出邀请,若他面对的对象不同,他就会采取不同的邀请方式,从而达到预期的效果。一般来说,我们把这种关系分为四类:地位高或年龄高的人、地位低或年龄低的人、关系亲密的人、关系一般的人,并根据这些分类使用不同的邀请方式:当地位高或年龄高的人向地位低或年龄低的人发出邀请时，一般较少使用间接言语行为和礼貌策略，喜欢直接发出邀请，也就是说他们一般直接使用邀请核心语，很少采取辅助行为语进行铺垫。这是由他们的身份和地位决定的，他们也觉得这理所当然。如"今晚我作东，就吃韩国料理"。地位低或年龄小的人向地位高或年龄高的人发出邀请时，用词就会谨慎的多，说话态度要尊敬，语气要婉转，较多使用间接言语行为和礼貌策略，一般会使用邀请话头，对邀请进行铺垫，在向关心比较亲密的人发出邀请时，邀请言语的使用就会随便得多，彼此间若不太注重小节，一般采取直接邀请策略，很少使用间接言语行为和礼貌策略。向彼此间社会关系一般的人发出邀请时，一般较为注意间接言语行为和礼貌策略的使用，较多使用邀请辅助行为语，在于语气上较多的使用缓和语，从而减轻面子的威胁程度。

总的来说，英语文化看重"真"，人们在交际中显得很直率；中国文化看重"情"，说真话还是假话并不重要，重要的是要保住双方的面子。了解了汉、英文化在发出邀请时的差异，中国人就不会把"Let's get together for lunch sometime."这样的话误认为是真邀请，唯有如此，才能在跨文化交际中顺利与人交往。

## 本章结语

通过对中美大学生的邀请言语行为表现形式的对比研究，我们发现在邀请言语行为在总体的表现上基本一致，在具体的表现形式上存在一定的差异。汉语倾向使用直接策略，而美国学生则更多地使用间接策略。在邀请序列上，美国学生更多地使用辅助行为语，注重先试探邀请的可行性方提出邀请，这些差异的存在体现了鲜明的社会文化特征。这次邀请话语的调查由于收集语料的群体主要来自于大学生，限于调查对象和篇幅，本次对比研究的问题还不够全面，本次的受试人群范围不够广泛，样本数量也还不够大，因而调查结果可能不足以反映整个文化背景下邀请言语行为实施的实际情形。而且此项研究中所涉及的其他问题，如性别、社会权势、社会距离等因素对邀请言语行为的影响，还有待做进一步的后续研究。

# 拒绝言语行为的跨文化研究

5

拒绝言语行为是各社会文化、各民族群体所共有的普遍的言语行为,也是语用学研究中的一个重要课题。拒绝言语行为不仅要考虑到拒绝目的的达成,还必须对因该行为给受话人带来不愉快而造成的对人际和谐社会关系的伤害进行及时地修补,这就使拒绝言语行为在会话策略中呈现出复杂的一面。拒绝言语行为不同于其他主动性发话行为,通常与其他言语行为如给予、邀请、要求、建议等密切相关,其自身对场景的依赖度比较大,会话内容在很大程度上受到前一轮发话内容的制约。相对于请求、邀请等较主动的发话行为而言,言语拒绝行为往往是突发性的,说话人没有充分的思考时间,因此拒绝言语行为的发出者往往处于较被动的地位。作为一种复杂的冒犯别人的言语行为,拒绝言语行为在具体语境中使用的策略以及对人际和谐社会关系的损害程度的大小取决于诸多因素。从语用学角度对拒绝言语行为研究的人很多,本章在回顾拒绝言语行为对比研究的基础上,从社会文化因素着手,通过观察和问卷调查的方法对汉英两种文化背景下的拒绝言语行为进行进一步分析探讨,主要侧重考察在选择拒绝言语行为的策略时对社会关系和社会地位这些因素的敏感度。

## 5.1 拒绝言语行为的界定

在《现代汉语词典》中,"拒绝"的释义为"不答应,不同意,明确地表示不愿意做或不愿意;不接受请求、意见或赠礼等的行为"。《牛津高阶词典》(*Oxford Advanced Learner's Dictionary*)对"拒绝"(refusal)的定义为"an act of saying or showing that you will not do , give or accept something"。由此定义可看出,"拒绝"通常指说话者拒绝对话中的某项提议、请求、给予等的行为。如,有人邀请你去吃饭,可你又不想去,你就会拒绝说:"不好意思,我今天还有其他安排。"依据言语行为理论,拒绝言语行为隶属于施为性言语行为,是一种对别人的邀约、请求等表现出的一种不合作状态的回应行为。Yule(1996:81)认为拒绝通常是"不期待的第二部分",也就是说在邀请、请求、提议及建议等言语行为中说话人不期望得到的回应。拒绝言语行为通常发生在当某种言语行为本身如"请求",是不恰当的或不合理的情况下,当说话者没有能力达成要求的时候,或者当某个事件或状态妨碍说话者遵守它的时候。(Tumbull&Saxton,1997)冉永平指出,拒绝(refusal/refu-

sing)这类言语行为是针对对方做出请求、邀请或建议,说话人所做出的一种"不合作性"选择。(冉永平,2006:93)

在 Searle(1975)言语行为理论框架中,拒绝类言语行为属于对施为动词分类中的承诺类行为(commissives),Searle 认为拒绝言语行为也可以被看作是说话者心理状态的表达,一系列的拒绝言语行为的表达将激发受话人的负面情绪,而拒绝言语行为的表达方式又将对受话人的积极心态产生威胁。回到拒绝言语行为产生的源头,它作为一种底线,的确代表了拒绝者(说话者)反对被拒绝者(受话人)所提出的要求。在 Leech(1983)的言外行为的分类中,拒绝言语行为属于竞争类言语行为,这类言语行为本质上就是"不礼貌的",因为不论以什么口吻去说,说话人想要达到的目的和礼貌的要求之间的关系都是不协调的,因此,说话人更要注意礼貌地使用合适的言语策略以减少其首要言外行为的非礼性。从这个方面来看,拒绝言语行为表现了它作为一种言语行为的复杂性和灵活性。

依据礼貌理论来看,拒绝言语行为是一种最能威胁对方面子的行为。Brown & Levinson(1987)指出拒绝同请求言语行为一起被称为"威胁面子行为"(FTA),因为它们在本质上和交际者的面子相悖。请求言语行为伤害了对方的消极面子,而拒绝言语行为便是伤害了对方的积极面子,所以需要有策略地拯救。而且他们还指出,在具体语境中某种言语行为对交际者面子威胁程度的大小取决于诸多社会文化及其他因素,其中对决定策略的选择起重要作用的分别是社会距离、社会地位以及言语行为的难易程度。Liao(1994)认为拒绝言语行为从本质上看,通常是有损面子的行为。所有迹象都表明当说话者忽视受话人的情感及需求时,也就是说话者并不认同受话人的需求的时候,他会采用否定或通过反对来表达对于邀请、请求或提议内容的抵抗情绪。这些行为可能会有损他人颜面,且某些失礼的行为也会冒犯他人。(Levinson,1987)当执行一个拒绝言语行为的时候,说话者必定会承担冒犯他人的风险。Turnbull & Saxton(1997:177)认为拒绝言语行为在任何文化背景下都会发生,并通常伴随着冒犯他人的情况,它们与所处的文化背景息息相关。如,在不同文化背景下,拒绝者的言语行为受不同因素的影响,而特定文化背景下礼节的范畴也不一样。同时拒绝言语行为的使用也与说话人或受话人的社会地位及背景有关,所以拒绝言语行为是言语礼貌研究中的一个核心内容。

从上述对拒绝的各种解释我们可以总结,所谓拒绝就是针对邀请、请求、建议、给予等各种施为性言语行为做出的一种"不合作性"选择。拒绝言语行为有着以下几个特点:①本质上,它是一个冒犯他人面子和威胁和谐人际关系的言语行为,尤其是对受话人的积极心态会产生威胁;②引发拒绝言语行为的主要有给予、请求、建议、邀请等;③每一个拒绝都包含一个核心言语行为,即直接拒绝或间接拒绝;④拒绝言语行为与其所处的特定文化背景有着密切关联。

## 5.2 拒绝言语行为的跨文化研究现状

目前许多国内外学者都致力于拒绝言语行为的跨文化研究。Takahashi & Beebe(1986)研究了美日两国拒绝言语行为的使用区别,具体归纳如下。①日本更倾向于通过正式的方式表达拒绝:首先,对那些社会等级较高的人通过频繁的道歉表达敬意;其次,在拒绝请求等行为前会表达歉意并告知原因;第三,他们的原因相较美国人来说显得更笼统。②美国式的拒绝言语行为模式通常以"I would like to …"(我想……)作为开场白,紧接着对于无法达成的要求或请求表示遗憾,最后给出原因。Beebe, Takahashi and Uliss-Weltz(1990)通过语篇补全测试对比了美日两国本土居民的拒绝言语行为区别。结果显示拒绝言语行为的直接性与两国拒绝言语行为表达现状相互影响。日本强调社会等级观念,在与上级对话所用的语言模式有别于与下属对话时的语言模式,而美国则以一视同仁。日本表达拒绝时所用的借口往往不具体并且较为模糊,他们更强调原则和信仰,这导致日本的拒绝言语模式比美国更正式。

Stevens(1993)则采用语篇补全测试法比较了阿拉伯国家与英国在使用拒绝言语行为时的不同。研究表明拒绝言语行为包含了多种拒绝策略,并且说话者通常不会对他人的要求或请求采取断然拒绝态度。研究还指出上述两个国家在拒绝言语行为策略上有许多的相似之处(如:解释、不表态、部分接受以及善意的谎言)。这些研究结果与 Beebe et.al(1990)的研究结果相同,但 Stevens 并没有对社会等级对于拒绝言语行为的影响进行研究。

Liao&Bresnahan(1996),通过语篇补全测试法归纳出了 24 种常见的拒绝言语模式。通过中美两国学生在测试中所使用的拒绝策略对比,他们发现美国学生在表达拒绝时更倾向于使用多种拒绝策略,中国学生认为拒绝来自家人的要求或请求比拒绝其他人要更困难,而美国学生则认为拒绝家人的难度与拒绝朋友是一样的。这是由于拒绝言语行为是基于所处的特定文化背景而导致的。

Nelson et. al(2002)通过改良版的语篇补全测试法对比了埃及阿拉伯语与美式英语之间表达拒绝言语的异同。过程中,他们主要关注两国直接拒绝策略与间接拒绝策略的使用频率,参与对话的人的社会地位对于拒绝言语表达的影响以及两国人在表达形式上的区别。研究表明总体上美国人相较埃及阿拉伯人更善于在对话中使用不同的拒绝策略,但从个体上看,两国都有善于使用拒绝策略的人。此外,虽然两国人都更偏向于间接拒绝,但美国人显然更胜一筹。关于间接拒绝言语策略的使用,埃及人更倾向于找借口或表达歉意,而美国人为了照顾受众的感情,则通过不同的拒绝策略表达否定意愿。另外,研究表明参与对话的人的社会地位对于拒绝言语表达的影响,两国的测试结果总体上没有太大区别。

Chen et. al (1995)采用了语义学框架分析了中美两国英语使用者的拒绝言语行为表达(拒绝请求、邀请、提议及建议)。她发现不论两国人的文化背景有多大的差别,几乎很少有人会采用直接拒绝言语行为(如:"不")。再者,美国英语使用者通常会通过表达遗憾等方式进行委婉拒绝,而这种策略并不常见于中国的英语使用者,这可能会让美国英语使用者感到不快。

马月兰(1998)也在研究中对比了中美两国拒绝言语行为的异同,但不同于其他研究者的是,她将对比分为了两个层面:一是外在表现(如头部动作、激烈的行为以及措辞的使用);二是深层次话语中的拒绝言语行为。她还指出不同的请求策略会产生与之相应的拒绝策略。基于上述调查结果,马月兰(2000)归纳了十一种拒绝言语策略并分析了中美两国拒绝言语策略使用的异同:汉语拒绝语和美语拒绝语存在着语用等值群;在特定的语境下,有许多拒绝策略共存,这些拒绝策略也传递了相似的语用信息,这为来自不同国家不同文化背景的人提供了顺利交际的可能性。

王爱华(2000)以 Brown&Levinson 的面子理论为框架,通过语篇补全测试分析了中美两国拒绝言语的公式化表达及人际交往用语策略的异同。她主要研究了英、汉拒绝言语行为的表达模式与社会因素之间的关系。她将拒绝言语行为的公式化表达分成了三个部分:中心言语行为、辅助言语行为和修饰语。前两者便可组成一个完整的拒绝模式。她指出语言越间接就越礼貌,但并不是所有的间接拒绝言语行为都礼貌,要看具体的语境。同时通过调查和数据,分析了影响拒绝言语行为的三个社会因素(社会地位、社会距离以及社会级别)对策略的使用产生的影响程度与差异。

唐玲(2004)通过问卷调查分析了中国人使用拒绝言语行为策略的特点以及直接拒绝、间接拒绝同强烈拒绝、委婉拒绝之间的关系。指出中国人在拒绝时常常采取委婉的方式,更多使用间接拒绝的策略;委婉拒绝主要通过间接的方式来实现,即使强烈拒绝也可采取间接的方式,不用直接拒绝对方,就不会严重威胁对方面子。

## 5.3 拒绝言语行为策略的种类

拒绝言语行为作为一种复杂的言语行为,它往往涉及不同类型的礼节策略(也被称为拒绝或拒绝策略),许多学者从不同角度研究了拒绝言语行为策略的种类。如冉永平、王立非、李玮等都主张将拒绝言语行为分成两大类:直接拒绝言语行为、间接拒绝言语行为。另外,还有一些学者将拒绝言语行为分为三类:直接拒绝言语行为、中间类(否定的能力和意愿)、间接拒绝言语行为。在这一节中,我们将选择几个对拒绝言语行为策略分类研究比较有影响的观点进行阐述。

Ueda(1974)在调查的基础上,列举了16种如何避免直接说"不"的日语拒绝言语行为策略,具体如下:①相当于英语中的"没有";②含糊地说"不";③含糊且模棱两可的"是"或"不是";④沉默;⑤反问;⑥绕圈子;⑦退出;⑧撒谎或模棱两可等;⑨批评;⑩拒绝回答问题;⑪有条件的"不";⑫是的/好的,但是⋯⋯;⑬拖延回答;⑭内心同意,表面上拒绝;⑮内心否定,表面上接受;⑯道歉。

Rubin(1983)提出了九种较为普遍的用于表达拒绝或间接拒绝的方式,包括:①保持沉默或犹豫,表现出缺乏热情;②提供替代选择;③延迟;④把责任推到第三方,或那些超出控制的事情上;⑤逃避;⑥表面上接受;⑦转移和分散受众的注意力;⑧找借口;⑨认为对方所提要求存在不合理性。

但是,Rubin指出虽然每一个文化背景下都会采用以上的九种拒绝言语行为,但在功用上却有所不同。事实上,她认为当融入某个文化背景的同时,不仅要学习当地的语言表达方式,并且要了解在特定语言文化背景下的社会因素及价值观对于语言行为的定义。

Liao and Lii. shih(1993)采用了 Rubin 的方法对台湾地区使用中文表述拒绝的行为进行了研究。但结果显示 Rubin 的分类法并不完全适用于中文的拒绝言语行为表达。于是,他们将 Ueda 的 16 种方法与 Rubin 的 9 种方法相结合,形成了适合中文语境的 21 种拒绝言语行为分类。

Beebe,Takahashi,and Uliss. Weltz(1990)则在基于语篇补全测试的数据结果的基础上,创建了另外一种分类方式,他们将拒绝言语行为划分为直接和间接两大类型。它们是:

(1) 直接拒绝(direct refusal)。

① 非施为句(non-performative):a. 说"不"(saying"no");b. 否定意愿或能力(negative willingness /ability):I can't. 我不能借给你。

② 施为句(performative):我拒绝(I refuse)。

(2) 间接拒绝(indirect refusal)。

① 表示遗憾(statement of regret):"I'm sorry … "

② 表达自身的态度(statement of attitude):"I'd like to, but … "

③ 找借口、理由或解释(excuse,reason, or explanation):"I have a headache."

④ 表达未来可能接受的愿望和可能性(wishs):"If you had asked me earlier … ""I'll do it next time."

⑤ 声明原则(statement of principle):"I never do business with friends."

⑥ 提出替代方案(suggest or offer alternative):"Why don't you ask someone else?"

⑦ 表示共鸣。

⑧ 表达移情(empathy and understanding)。

⑨ 陈述哲理(statement of philosophy)。

⑩ 辅助说话者表达拒绝的方式(表现积极情绪、表达同情、表达感谢、称谓语的使用等)。

这种分类打破了传统的拒绝言语的语义框架(无论直接或间接拒绝都可以表达否定)以及其他用于辅助表达拒绝的方式(伴随拒绝言语行为产

生,但本身不能作为拒绝言语行为出现)。Chen 等(1996)采用 Beebe 等的策略划分来研究生活在美国的中国人的汉语拒绝言语行为,他们发现 Beebe 等的策略很适合于汉语。相比之下,Beebe 等的策略归类显得全面而系统,它为拒绝言语行为的分类提供了更详尽的依据,并涵盖了 Rubin 等人的理论。由于其相对全面性,这种分类体系多次被引用,并对拒绝言语行为的研究有着更高的参考价值。

## 5.4 拒绝言语行为的调查对比研究

### 5.4.1 研究方法

Wolfson(1981:9)认为观察与参与是对自发语言采样的最优途径,但前提是被观察者必须是处于非刻意的情况下才能获得真实的数据,而这种方式除了耗费时间外并不足以对特定情境加以比较。所以本研究采用观察的方法,记录拒绝言语行为发生的常用场景和特征,在此基础上设计调查问卷。根据日常生活中常用交际案例,把引发拒绝的言语行为设定为:请求(10 个)、邀请(10 个)共 20 个交际情景,所设置情景考虑到交际双方的社会距离以及社会关系,通过开放式问卷的方式,探讨汉英两种文化背景下拒绝言语行为策略以及社会变量对拒绝言语行为的实现的影响。问卷调查的对象为浙江两所大学 30 名非英语专业的中国大学生和 30 名母语为英语的海外留学生。所有 60 位被调查者全部用各自母语完成问卷。

### 5.4.2 研究的问题

Brown&Levinson(1987)指出,有些言语行为,如请求、命令与拒绝等,在本质上与说话双方的面子相悖,被称为"威胁面子行为"(face threatening acts,简称 FTA),因此需要有策略地进行拯救。在具体语境中,某言语行为对面子的威胁程度的大小取决于诸多社会文化因素,Brown&Levinson 认为这些因素包括社会距离、社会权力以及言语行为本身的难易程度,它们对决定拯救策略的选择起重要作用。本研究依据 Brown&Levinson 的礼貌理论,来探讨汉英两种文化背景下,人们在拒绝言语行为策略选择上的异同点。具体如下:①汉英不同语境中直接拒绝言语策略与间接拒绝言语策略的使用频率区别;②社会距离对拒绝言语行为策略选择的影响异同;③交际双方的社会关系对拒绝言语行为策略选择的影响异同;④汉英不同文化背景下,不同社会文化价值观对实施拒绝言语行为的影响。

### 5.4.3 拒绝言语行为的研究结果对比分析

从回收的各 30 份,共 60 份有效问卷的语料统计来看,我们从拒绝言语行为的序列形式以及具体语用策略的选择两个方面来分析拒绝言语行为在两种不同语境中的表现形式。

#### 5.4.3.1 拒绝言语行为的序列形式

一个言语行为多由若干个语义成分(semantic formula)构成,语义成分主要指的是词汇和句法结构,这若干个语义成分构成一个序列,序列中的每个语义成分在促使某个言语行为得以实现时起着不同的作用。Blum-Kulka(1984,1989)提出了分析言语行为的三个层面。从所收集数据看,拒绝言语行为一般也是由多个语义成分构成,主要与请求、邀请等言语行为类似,包括三个主要部分:

(1)起始行为语(alerters):其功能是吸引听话人的注意力,包括称呼、对不起、谢谢等表示态度、情感等用语。

(2)辅助行为语(supportive moves):用以辅助拒绝言语行为的实现,其功能是解释不能答应请求、邀请等的原因,以及用以修饰中心言语行为。

(3)中心行为语(head acts):表示拒绝,是拒绝言语行为的核心部分,从句法结构上来讲,中心行为语可以是一个否定句或含有否定意义的词,也可是一个省略结构。例如,在"对不起,我要用这本书,恐怕不能借给你"这个拒绝话语中,"对不起"是起始行为语,"我要用这本书"是辅助行为语,说明拒绝的原因,"恐怕不能借给你"是中心行为语,表示直接拒绝,这三个语义成分一起构成了拒绝言语行为的序列结构。拒绝言语行为的以上三个构成成分未必一定同时出现,中心言语行为是实现拒绝言语行为的中心,但如果中心行为语不出现,辅助行为语则通过暗示等起到中心行为语的作用。拒绝语还可以不包括以上三部分中的任何一个部分,而用其他间接手段暗示。这个序列中,每个语义成分在实现拒绝言语行为时并非同等重要。(Beebe et. al,1990:57)根据所收集的语料统计,在汉英两种不同语境中,拒绝言语行为序列成分对比如下表:

表 5-1  拒绝言语行为的序列结构对比

| 使用者 ＼ 序列成分 | 起始行为语 | 辅助行为语 | 中心行为语 |
|---|---|---|---|
| 汉语 | 82％ | 91％ | 67％ |
| 英语 | 73％ | 61％ | 89％ |

表 5-1 说明拒绝言语行为基本由三个序列成分构成:起始行为—辅助行为—中心行为序列。这说明拒绝言语行为的序列具有普遍性特征。但这并不表明拒绝言语行为的完成必须都是由这三个成分构成。从各序列成分在话语中所占的百分比可看出,汉英差异比较显著。英语使用者较多使用中心行为语,而汉语使用者喜欢使用"称呼""不好意思"等缓和性的起始语,更多地省略中心行为语而偏向使用辅助行为语对拒绝行为进行解释。这种起始行为语和辅助行为语的高比例使用,作为一种缓和面子威胁的策略,明显体现出中国社会文化特征。而英语使用者在使用中心行为语的高比例(包括直接和间接拒绝),也体现了英语文化中的"直接""自我平等"的文化特征。

### 5.4.3.2  拒绝言语行为语用策略类型对比分析

汉英不同语言使用者在拒绝言语行为策略选择上的分布如表 5-2 所示:

表 5-2  汉英两种语言使用者实施拒绝言语行为常用策略分布情况

| 社会关系 ＼ 策略 | | 直接拒绝 | | 间接拒绝 | |
|---|---|---|---|---|---|
| | | 汉语 | 英语 | 汉语 | 英语 |
| 社会距离(疏远) | 上级 | 1％ | 4％ | 99％ | 99％ |
| | 长辈 | 3％ | 12％ | 97％ | 88％ |
| | 同级 | 8％ | 19％ | 92％ | 81％ |
| | 同辈 | 9％ | 21％ | 91％ | 79％ |
| | 下级 | 17％ | 26％ | 83％ | 69％ |
| | 后辈 | 19％ | 22％ | 81％ | 78％ |
| 合计 | | 9.5％ | 17.3％ | 90.2％ | 82.7％ |

续　表

| 社会关系＼策略 | | 直接拒绝 | | 间接拒绝 | |
|---|---|---|---|---|---|
| | | 汉语 | 英语 | 汉语 | 英语 |
| 社会距离（亲密） | 上级 | 0％ | 17％ | 100％ | 83％ |
| | 长辈 | 5％ | 23％ | 95％ | 77％ |
| | 同级 | 11％ | 31％ | 81％ | 69％ |
| | 同辈 | 15％ | 37％ | 72％ | 63％ |
| | 下级 | 23％ | 36％ | 71％ | 64％ |
| | 后辈 | 25％ | 37％ | 65％ | 63％ |
| 合　　计 | | 13.1％ | 30.1.％ | 86.9％ | 79.9％ |

从以上汉英两种不同语言使用者实施拒绝言语行为时所选择的语用策略的分布情况来看,汉英两种语言背景下,拒绝言语行为的实施策略既有相似之处也存在差异。

相似之处主要表现在:按照 Beebe 等对拒绝策略的直接和间接的划分,总体而言,两组被调查对象在拒绝时,间接策略的使用要多于直接策略。这表明汉英文化都认同间接拒绝要比直接拒绝更加礼貌。在分析语料时我们还发现,在两组受调查对象中,一个拒绝言语行为往往同时采用多种拒绝策略,这些策略常常以组合的形式出现。比如,在拒绝关系比较疏远的请求言语行为时,常常采用"道歉策略＋找借口策略"的组合形式,拒绝亲人关系的邀请言语行为时,都有采用"说明理由策略＋推迟策略"的组合。此外,所收集语料显示他们最常用的两种间接策略也是类似的。两组受试者在请求为引导语的语境中,最常用的策略是表达歉意,解释理由,分别占 91％和 87％;在邀请为引导语的语境中,最常用的是表示感谢,解释理由或找借口。这说明,无论是汉语使用者还是英语使用者,在实施拒绝言语行为时,给出理由或找借口是两组受试者普遍采用的策略,让被拒绝者领悟到拒绝对方并非出于本意,只是有着难以避免的理由,这样既可以缓解拒绝行为造成的人际关系紧张的气氛,也能获取对方理解或同情,从而拯救交际者的积极面子。

同时数据也显示,社会距离、社会权势等因素和汉英两组受试者拒绝策略的选择都有直接的联系,在不同的社会关系的情景中两组受试者在直接、间接策略的选择上都表现出差异。差异主要表现有：

（1）直接/间接程度。尽管两组被调查对象在拒绝时，在各自的文化背景下，直接拒绝策略的使用都要少于间接拒绝策略，但是相比较而言，汉语使用者使用直接策略比英语使用者要少得多，只有极少的汉语使用者采用了直接拒绝策略，而且在直接拒绝时通常伴随缓和语，如"这恐怕不可以"。通过补偿语义保全彼此面子需求，尽量让对话双方基本关系保持和谐。英语使用者的回应更直接。在各间接策略的具体分布上也存在差异，例如，就"陈述原则"策略而言，使用该方式作为拒绝手段的英语使用者受试者有31％，高于中国受试者 19 个百分点。大多数英语使用者则采用了原则策略，将歉意、原则和理由三个方面结合在一起，英语文化由于注重个人利益，受试者并不羞于表达不满，甚至当某个行为违反他们的原则时，他们会谴责说话人；而汉语使用者却不愿将负面情绪表达出来。相较于英语使用者而言，当汉语使用者无法满足说话人的交际需求时，他们通常会采取提供替代方案的策略（达到 67％，而英语只有 26％）帮助对方一起解决问题，委婉地拒绝说话人的需求，以避免损害双方的面子。而英语使用者则大量使用了歉意来减缓拒绝对请求者的伤害。另外在表达歉意后，普遍会使用理由以及对未来的愿望等策略。虽然汉语和英语使用者都喜欢在实施拒绝言语行为时解释理由，但是英语使用者在表述拒绝的理由上显得更具体，而中国受试者则较为笼统。

（2）社会距离因素对汉英不同文化背景的人们实施拒绝言语行为的影响差异。不同拒绝策略的使用受不同语境的制约，因此使用不同的拒绝策略与交际双方的社会距离直接有关。在所设社会距离疏远和亲密两种不同情景，两组受试者在策略的选择上，都表现出差异。英语使用者，在社会距离比较亲密的人们之间，更喜欢用直接拒绝策略，在英语受试者中，两种不同社会关系，直接拒绝的使用频率差距高达近 13 个百分点。这说明社会距离在英语拒绝言语行为的实施中的确起着重要的作用。正如Brown&Levinson 所言，在英语文化背景中，社会距离通常比社会权力重要。英语文化中，由于他们的平等价值取向对社会权力最不敏感，其结果是社会距离占主导地位，社会距离越大，他们的言语行为就越礼貌。这与Brown 和 Levinson 的假设一致。对于汉语使用者而言，社会距离的不同对策略的使用也存在影响，但是没有英语的那么大，只差 4 个左右的百分点。

但是在汉语语境中,社会距离比较近的交际双方,受试者所使用的直接拒绝策略,表述得非常笼统而直接,几乎没有用任何礼貌策略。这种现象的产生主要是基于中国人对亲人,特别是关系非常亲密的人之间的普遍信赖感,换句话说,越亲密的人礼貌策略的使用频率就越低。中国人对于亲密的人通常不会过于客套,因为这会让他们感到不自在。当然,为了更好地表达自己的意愿并减缓拒绝所带来的面子问题,他们偶尔也会采用寻找替代方案等策略帮助他们完成拒绝行为。所以相较于英语受试者,中国人很少对关系比较亲密的人表达歉意。

(3)社会权力因素对汉英不同文化背景的人们实施拒绝言语行为的影响差异。汉语使用者在实施拒绝言语行为策略时受社会地位的影响更大,对对方的社会地位更加敏感。当中国人面对拥有较高社会地位的人时,极少使用直接拒绝策略,他们普遍使用语气比较委婉的间接策略,而且同时伴有礼貌的称谓及缓和语。高达61%的汉语使用者在对话过程中使用了礼貌的称谓,而只有不到7%的英语使用者采用了这一称呼模式。社会权力与两种语言的间接性层面和礼貌值都呈显著正相关。这表明,汉语使用者在实施拒绝言语行为时,社会权力是最重要的考虑因素,被拒绝人的社会权力越大,礼貌值和言语的间接性程度越高。以请求为引导语的拒绝情景为例,汉语受试者使用道歉策略的频率因对方社会权势的不同呈现较大不同。当被拒绝者权势大时,使用道歉策略频率高;而当被拒绝者权势小时,使用此策略频率低。当被拒绝者权势大时,71%以上的汉语受试者使用此策略;而当被拒绝者社会权势小时,只有约20%的汉语受试者使用此策略。反观英语使用者,他们在拒绝社会地位高的人和拒绝社会地位低的人所采用的拒绝言语行为并没有太大差别,在面对不同社会地位的说话者时,直接拒绝的差距不是很大,英语受试者使用直接拒绝策略的频率比中国受试者高。使用道歉策略受对方社会权势的影响很小,同样会使用礼貌策略,如歉意、理由以及许诺等。总之,在语用策略的使用上,汉语受试者对社会权势的敏感度比英语使用者要大。

## 5.5　影响拒绝言语行为的文化因素分析

拒绝言语行为既可以直接实施,也可以策略性地实施。从数据分析中,我们发现汉英不同语境中,拒绝言语行为的表现上,双方的共同之处体现于都倾向于采用间接的礼貌策略,但是此策略在用于实现拒绝行为时的方式和范畴并不相同。中国人较实际的特性导致了他们选择拒绝策略时通常会采取不损害双方面子的"点到为止"策略。而英语语境中,常常采用道歉、直接拒绝等多种策略相结合的方式表达拒绝。对于拒绝策略使用的研究,不应只了解各语言文化拒绝言语行为表达的内容和形式,而还应该意识到,这种形式或内容上呈现出来的不同策略的倾向性是源于人们自身的民族文化背景而形成的社会文化行为。拒绝策略实施的差异说明文化价值观深深地影响着人们的言语交际。而产生这些差别的原因在于两国社会文化的不同:对于中国人而言,注重面子源于中国文化理想中的社会同一性。(Mao,1994)为了保持社会和谐,整个社会要求个人尽可能的满足对方的请求从而保证和谐的社会性和群体性,通常个人通过贬低自我来表达对其他人的尊重,以此达到互相尊重互相帮助的社会核心价值观。(Jia,1999)汉文化"集体取向""他人取向""卑己尊人"的价值观及差序格局的社会现状,使中国人比较注意公众形象,更强调保持彼此之间的关系,是汉语使用者拒绝言语行为间接、含蓄、委婉的原因。而且,汉语使用者受社会差序格局的影响很注重社会地位的差异,比如,当拒绝对方提出的请求时,上级很少会对下级道歉,而下级则通常向上级道歉;下级较少使用直接拒绝策略,而上级则常常使用直接策略。

英语文化背景的人们则注重解决问题,推崇"直言快语"。英语作为本族语的人更注重个人形象。以英语为母语的国家长期以来对于个人主义的崇拜以及平等的追求使得这些国家的人在言语行为上也带有强烈的个人利益至上感,相比之下,英语作为本族语的人更注重追求所谓的个人权利和"平等",对社会关系和社会地位表现得不太敏感。我们认为英语受试者在表达拒绝时所体现的拒绝言语行为是基于他们对于平等和权利的文化背景而产生的。他们的直接拒绝不仅出现频率高,而且散见于各种社会场合,不受社会地位、社会距离、年龄因素的制约。他们倾向于采用各种策略相结合的方式为该行为做出解释,此外他们对于上级或下级所使用的语义模式没有太大差别,反映在语言上就是简单、直接、明了。

语言和文化是不可分的,汉英不同语境下拒绝言语行为的的差异体现出中英不同的社会文化价值取向。除了文化价值取向外,语境因素,包括交谈双方的性别、年龄等对拒绝策略使用也有一定的影响。

## 本章结语

　　本章在前人的基础上,从请求和邀请为引导语的语境入手,对比了汉英两种不同文化背景的人们拒绝策略的使用的异同,研究了汉英不同语境下,人们在实施"拒绝"这一不礼貌的言语行为中,如何恰当且得体地拒绝请求或邀请者,以及在表述过程中拒绝策略的实施差异。综合调查结果分析,拒绝策略的使用其目的往往是为了礼貌着想,同时也是为了削弱拒绝带来的言后之果和减少其造成的面子损失。为了避免话语冲突、避免交际双方的人际危机和语用失误,拒绝言语行为往往呈现出多策略综合使用的特点。礼貌是汉英两种文化中普遍重视的策略,无论在哪一种文化背景下,说话者都应遵循礼貌原则使用恰当的礼貌用语和礼貌行为。但各国对于礼貌内涵的定义各有不同,有时甚至相互冲突。英语文化中人们在表达拒绝的时候会采用"歉意＋理由"等多种综合表达的方式,而汉语文化中人们则相对较实际,为了避免尴尬或损害对方面子,通常"点到为止"。这反映了中西方文化各自礼貌内涵的差异。希望该比较对跨文化交际行为能有一定的指导作用,同时也希望这种对比方法对其他言语行为比较研究有一点点启迪。

　　本研究还存在很多不足之处。在问卷调查方面,由于受客观条件的限制,所选择的调查对象不全面,其年龄层次、教育背景等都比较单一。其次,本文只做了很小一部分人群的调查,无法囊括所有汉英文化背景下人们使用拒绝言语行为的特点。而且在情景设置上只涉及了请求和邀请这两中引导语境,由于取样的局限性,无法全面的涵盖汉英两种文化背景下拒绝言语行为的表现形式。因此,有关这一相关课题的研究仍有待进一步的探索。

# 同情言语行为的跨文化研究

*6*

中国曾有句古语道"人生不满百,常怀千岁忧"。人的一生中难免会遭遇许多不如意的事情,比如生病、遭受打击、情场失意等,这都需要并且值得人们的同情。同情言语行为属于表达类行为,它本质上是一种礼貌的和使人受益的行为。然而,在以往的研究中很少有学者关注同情言语行为的研究。因此,本章结合言语行为理论和 Spencer-Oatey(2005)的人际关系管理理论,参照 Carmen Garcı'a 的研究方法和研究成果,在实证研究的基础上对汉语中同情言语行为进行了调查,并进行对比分析,试图总结出同情言语行为的表现形式、话语特征、语用策略及社会参数对同情策略的影响,调查设计考虑到说话双方社会权势和社会距离的差异。

## 6.1　同情言语行为的界定

根据 Searle(2001)对言外行为的分类,同情言语行为同恭贺、感谢、道歉等言语行为同属于表达类,其功能在于维护交际的顺利进行。表达类的言外指的是对命题内容中所表明的某种事态表达说话人的某种心理状态。命题内容的真实性是实施这一类言外行为的前提。Garcı'a 根据 Vander-Veken(1990)的理论把同情言语行为界定为:来"传达某人的安慰",这是表示同情的诚意条件;听话人遭遇到一件坏事情(一般的痛苦,大不幸等),这是表示同情的前提条件。据此,我们把同情言语行为定义为:听话人遭受不幸、挫折等不好的事情而处于伤心、痛苦、苦恼等消极情绪状态时,说话人对听话人的遭遇在感情上发生共鸣,与听话人进行情感协调与沟通,帮助听话人改变或减轻其消极情绪所实施的一种言语行为。这类言语行为在"社会目的范畴上主要是用于促进彼此间的友好关系,拉近彼此间的距离"。(Garcı'a,2009)被同情者遭遇痛苦或不幸,会处于消极情绪状态,往往期望得到别人的关心和关注,希望别人能理解认同自己的不幸处境,分担自己的忧伤,恰当地表达同情与关心可以帮助听话人减轻和摆脱消极的情绪,可以说同情言语行为本身是一种礼貌的行为,人们在发出表示同情的言语行为时,必须尊重一定的交际原则,达到维护和提升对话双方的面子的需要,从而有益于社会人际关系的改善。(Spencer-Oatey,2005)

## 6.2 国内外研究现状和理论基础

### 6.2.1 同情言语行为的国内外研究现状

言语行为及其实现方式的研究近年来成为语用学和跨文化研究的一个热门话题,有纯理论研究也有具体言语行为的实证研究,关于言语行为实施的研究据不完全统计已涉及 20 多种,主要集中在对诸如"请求、拒绝、称赞、道歉、建议、埋怨、告别、称呼、恭维"等言语行为的语用和跨文化的实证研究上。但是目前对同情这类在情感和痛苦引起话语施为者回应方面的话语表达的研究还很少。目前仅有 Carmen Garcı'a (2009)对秘鲁人同情言语行为的个案研究,他从 Helen Spencer-Oatey 的人际关系管理理论的角度对此进行分析,认为同情言语行为的表达与人们的面子意识、行为期望、交际需求有关,社会距离与社会权势等变量对同情话语策略的采用有一定的影响。一般来说,在表达同情时会考虑到听话人的素质面子和身份面子,并以此来维护双方的和谐社会关系。

在汉语中,同情言语行为的实证研究还很少,屈指可数。范立彬(2009)在《浅谈中英表达同情方式的文化差异性》一文中,对此做了简单的描述性的研究,认为汉语使用者在表达同情时往往遵循一定的规则,表达比较含蓄间接。凌来芳(2011)在收集语料的基础上,从汉语使用者在同情言语行为的表达上所优先采取的交际策略、公式化的特点以及涉及说话者的社会距离、社会权势等方面,借此给汉语相关方面的言语行为语用研究提供实证的经验。陈欣(2011)以《红楼梦》前 80 回中的同情言语行为为研究对象,总结出同情言语行为的表现形式、话语特征、语用策略及社会参数对同情策略的影响,并将霍克斯的译文与杨宪益的译文做对比研究,探讨他们在翻译同情言语行为时使用何种翻译策略,翻译有何异同等问题。

### 6.2.2 理论基础——人际关系管理理论

语言具有两个主要的功能:传情达意的功能,维护和调节社会关系的功能。(Brown&Yule,1983)语言的使用会对人际关系产生重大影响,这种影响可能是积极的,也可能是消极的,Helen Spencer-Oatey(2000:12)从人际

关系管理层面来考虑,在 Brown&Levinson(1987)面子理论的基础上,提出
了她的人际关系管理理论,她的理论增加了一个从社会关系或相互依赖关
系的角度来解释人际关系管理的理论,它包括社交权(sociality rights)管理
和关系管理两个方面。她之所以用关系管理来代替面子管理,是因为面子
一词似乎主要关注说话者自己,而关系管理意味着交际双方的利益都受到
了关注,得到了平衡。Spencer-Oatey(2005)提出了素质面子和身份面子
两个概念:身份面子与人们在社会或群体中扮演的角色起到的作用有关,素
质面子与个人的素质和能力相关。从另一方面讲,来源于 Goffman(1967)
的面子理论,是建立在个人积极的社会价值基础之上,并与个人自身各方面
联系起来的。在人际交往中,关系管理是一个非常复杂的活动,影响交际中
的和谐人际关系有两种方式,即威胁面子的行为和威胁权利的行为,人们可
以通过观察所使用的语言策略来研究如何促进、维护或威胁和谐社会关系。
关系管理方法建立了"自我与他人之间的更好的平衡"。Spencer-Oatey 认
为人际交往的成功与否取决于人们的行为期望、面子意识以及交际需求。
据此,行为期望是建立在判断什么是社会适当的基础之上,即他们认为什么
是规定、允许或禁止的行为,与相关的社交权(公平权和交际权)有关:①公
平权(独立原则),指的是人们都有权受到他人注意、得到公平待遇、不被他
人强加(无端强迫与命令、利用或剥削),包括三个方面的原则:惠损(不受他
人剥削和利用的原则)、公平互惠(相信付出和收益应当公平或大致保持平
衡)和自主控制(不会受到无端控制或强迫);②交际权(关联原则),即人们
有权与他人保持符合他们之间关系的联系或交际的权利,也由三个组成部
分:交际联系权(人们应当有适量和适当类型的活动可参与)、情感联系权
(人们能受到他人适当的关心,能与他人分享感受和兴趣)、尊重权(人们有
权对他人表示适当的尊重)。素质面子和公平权是一个个人的、独立的层
面,身份面子和交际权是一个社会的、相互依赖的层面。Spencer-Oatey 的
关系管理理论比 Brown&Levinson 的面子理论更加广泛、具体、合理。因
此,很有必要运用关系理论框架来分析使用者如何运用语言策略来表达同
情,维护和调节人际关系。

## 6.3 Carmen Garcı'a 对同情言语行为的研究

### 6.3.1 调查对象和方法

Carmen Garcı'a（2009）在同情言语行为的研究调查对象上，选取了 20 个来自秘鲁利马的成年人，分别为 10 名男性和 10 名女性，年龄从 20 到 62 岁不等（男性平均年龄为 32 岁，女性 33 岁）。所有调查对象的母语都是西班牙语，但教育背景不尽相同（从高中到研究生），职业包括大学教授、图书馆员、记者、会计、销售人员、技术人员、导游和大学生。对话者是一位 55 岁的女会计，部分调查对象对此并不知情。调查对象代表了社会中上阶级。所有调查对象在参加研究之前都填写了同意书，同意无偿参与。

Carmen Garcı'a（2009）采用了角色扮演并录音的方法收集语料。首先，调查对象和对话者被告知将在一个给定的场景下进行一个普通的自发的谈话，并且将被录音。调查对象是分别单独给予指令的。接到指令后，每位调查对象和对话者即兴开始谈话。在所有的角色扮演结束并录音后，采用 Jefferson 设计的公约转录对话。然后按照反复出现的使用策略类型、它们反映参与者的行为预期的方式、参与者尊重/威胁的面子种类以及他们的交际需求，对谈话进行分类。

### 6.3.2 调查情况分析

Carmen Garcı'a（2009）在调查前首先推断在这种情况的背景下使用的策略是和被调查者所处文化群体的行为预期相对应的。之后，通过所收集的语料的分析，来论证其推断的合理性。语料分析显示，被调查者在表达同情时，使用了多种策略，主要有：要求参与到事件中，提供信息，询问相关信息，表示难以置信，表达哀思/悲伤，表达同感/移情，给予安慰，表示同情，提供建议，提供合作，赞扬被同情者，赞扬对话者，等等。除了使用这些策略来表达同情之外，一小部分男性调查对象选择就被同情者相关工作业务问题来和被同情者交谈。在这一过程中，他们使用预备语（preparator），提供工作业务信息，并询问被同情者相关信息来表示同情。

根据 Spencer-Oatey 对社交权组成部分的定义，Carmen Garcı'a（2009）

将说话人所使用的策略归为三大类：关联策略（involvement）、移情策略（empathy）、尊重策略（respect）。将"积极参与到事件中""询问相关信息"和"提供合作"归为关联策略，因为它们表明调查对象想要走进被同情者内心和参与到她将要面对的事情中的愿望。另一方面，将"表示同情""表达哀思/悲伤""给予安慰""表达同感或移情""表示难以置信"和"提供建议"归为移情策略，因为它们传达情感的分享和对被同情者的关切。最后，将"预备语（preparator）""提供解释""赞扬被同情者"和"提供工作业务信息"归为尊重策略，因为它们有助于在交流中缓和关系的改变，表达对被同情者的支持与尊重。根据调查结果定量数据的分析结果，移情和尊重的策略使用比例相对较高，调查对象在表达移情、尊重方面总体是平衡的，绝大多数调查对象遵守社交权的各项规则，且没有违反公平权（损—益、公平—互惠和自主—强加），这表现了人际关系管理方面的和谐取向，体现了对社交权和身份面子的尊重。Carmen Garcı'a 认为这是在他所在文化中的同情言语的规约行为。他同时也发现两个明显违反公平权中"自主—强加"规则的行为策略：提供建议和提供工作业务信息，并解释尽管"提供建议""提供工作业务信息"被视为违反公平权中"自主—强加"这一要素，但在偏好"社交权"的文化中，它表明了对被同情者的关心和帮助的意愿。

Carmen Garcı'a 在研究同情言语行为的性别差异时，发现总体上性别之间的差异是比较显著的。他通过所收集的同情言语策略的统计数据注意到尽管女性使用移情策略（43%）、关联策略（43%）的比例是不相上下的，但是她们运用尊重策略的比例相对较低（14%）。这个数据反映了女性在表达同情时更多地把双方置于一致或平等的社会关系中，注重人际关系管理的公平权的实现，尊重对方的社会身份面子。不同于女性，男性较少使用关联策略（21%），更喜欢使用尊重策略（43%）和移情策略（36%），而且更多地使用尊重策略。就某个具体策略的使用而言，他还观察到男女性在使用尊重策略方面差异特别大，移情和参与策略的差异并不大。这些差异表明，男性比女性更有权势意识。

总之，Carmen Garcı'a 的调查表明，在其调查的社会文化背景中，被调查者偏爱运用关联、移情、尊重等策略来对听话人表示同情，显示他们对社交权的重视以及对说话人自身及听话人身份面子的尊重，并以此来达到他们在人际交往中的行为期望、维护面子的需要和交际的需求。

## 6.4 汉语中同情言语行为的研究

### 6.4.1 研究方法

　　本次研究主要在真实生活实例访谈的基础上,指定初始语境,通过操纵和控制典型语境中行为发生的因素,采取表达式问卷调查的方法,要求受试者写出不同情景中真实而自然的反应。目的在于从更广泛的角度来分析同情言语行为的话语特征。问卷设计了四个场景,场景涉及当事人的不幸程度相当,分别考虑到社会距离和社会权势这两个因素。调查对象的年龄为21 到 50 岁不等,职业有教师、公司职员、机关工作人员以及在校大学生。共发出问卷 60 份,回收 56 份,有效问卷为 52 份。交际过程从以下几个方面进行分析:说话者反复使用的语言策略,它们如何反映参与者的行为期望,所尊重/威胁的面子类型以及交际需求。

### 6.4.2 调查结果分析

表 6-1　调查结果

| 情景＼策略 | 移情策略 | 消极劝慰,淡化消极情绪 | 关注策略,给予关心、合作和帮忙 | 积极劝慰,表示乐观 | 直接同情 | 责备,戏谑 | 表示是同一圈内人 | 表达不相信和惊诧 | 闪避策略,转移话题 |
|---|---|---|---|---|---|---|---|---|---|
| S1 失恋（熟识） | 7 | 9 | 10 | 6 | 1 | 3 | 8 | 7 | 1 |
| | 13% | 17% | 20% | 12% | 2% | 6% | 15% | 13% | 2% |
| S2 失业（一般） | 6 | 10 | 9 | 12 | 5 | 1 | 1 | 6 | 2 |
| | 12% | 20% | 17% | 23% | 10% | 2% | 2% | 12% | 4% |
| S3 遭遇车祸（下对上） | 7 | 3 | 13 | 13 | 2 | 0 | 2 | 11 | 1 |
| | 13% | 6% | 25% | 25% | 4% | 0% | 4% | 21% | 2% |
| S4 生重病（上对下） | 3 | 3 | 16 | 17 | 1 | 4 | 5 | 2 | 1 |
| | 6% | 6% | 30% | 32% | 2% | 8% | 10% | 4% | 2% |
| 总计 | 23 | 25 | 48 | 48 | 9 | 8 | 16 | 26 | 5 |
| | 11% | 12.5% | 23% | 23% | 4% | 3.5% | 8% | 13% | 2% |

　　通过有效问卷,总结出以下汉语中常用同情策略。

　　(1)移情策略,为听话人开脱。

例1：爱情是幸福的,而失恋却是痛苦的,这点我也经历过,所以我很明白你现在的心情,不要总是怪自己。

例2：那条路存在很大交通隐患,我好几次在那险些被撞,您也够小心了。

Brown(2002)认为移情是"设身处地为他人着想"或"跨越自我去理解、感知他人"的过程。在人遭遇到不幸或痛苦,处于消极情绪状态时,往往希望别人理解认同自己的处境,希望别人关心自己,分担自己的忧伤。说话人预设自己与听话人情绪部分一致,维护听话人的素质面子,同时遵守情感联系权,求得认同感,缩短距离,双方的身份面子也得以维护,从而促进双方人际关系的和谐。

(2)消极劝慰。对发生之事做消极评价,淡化困难事实,减轻对听话人素质面子的威胁。

例3：只能说你们没有缘份,在爱情方面不能投入得太多,抱太大的希望,因为你付出得越多,承受的痛苦也就越多,不是你不招人喜欢,只能说喜欢你的人还没有出现。

例4：这个单位也就这样,工作还那么累,再说了失业也不一定是坏事,该是你的路总是要去走的。况且,树挪死,人挪活。

(3)关注策略。对听话人表示关心,询问事情发生的经过,帮助听话人分析问题,给予听话人合作和帮助。

例5：是不是因为换领导啦？××公司正在招人,和你的专业还对口的,你要不要去试试？

例6：您现在感觉怎么样？不要担心公司的事,公司会安排好的,好好配合医生的治疗。需要什么的话,尽管告诉我。

说话人通过询问,让听话人说出其忧伤或委屈,为其分担忧愁。消极情绪因事而起,一旦引起消极情绪的问题有了解决的方法,消极情绪也就自然消失或减轻。这种在西方文化当中很可能被认为是威胁了听话人面子独立性的策略,在汉语文化中确是很常见,可能因为中国文化中,人们把这种对他人的关心、为别人做事当作自己应尽的义务和责任。

(4)积极劝慰。表示鼓励、乐观,或对听话人表示赞赏。

例7：您一向开车很稳的,还好伤得不是很重,真是不幸中的万幸啊,您要多保重。

例 8：别这样，你是这么优秀的一个人，肯定能找到适合你的人。

（5）直接表示同情。对听话人的不幸或消极情绪表示理解和认同。

例 9：这也是没办法的事，你真倒霉。

例 10：发生这样的事，我真的对你感到很同情。

（6）表达不相信和惊诧。对汉语使用者来说，听话人能理解说话人既不是对他的话的可信性表示怀疑也不是想要探寻信息，而是以问题的形式表示深切的同情。

例 11：这是真的吗，我昨天还看见你们亲密地在一起呢？

（7）表达是同一圈内人。强调对话双方关系的同一性，相互关系亲近，在很多方面有所共享。

例 12：你的病情不是很严重，不要给自己增加什么心理负担，相信现在的医疗水平和我们的医生！要坚强，我们共同战胜它（病魔）。

例 13：我们什么关系，有什么委屈就说出来吧。作为朋友我会一直陪在你身边的。

（8）责备或戏谑听话人。对听话人进行善意的批评或开玩笑，表面上是对听话人的一种强加，对其身份面子和独立面子构成威胁，但听话人并没有觉得你在责备他，反而体现出一种深深的关切。

例 14：不舒服要及时看医生，不要拖着，健康第一。

例 15：天涯何处无芳草，何必单恋一枝花。

（9）闪避策略，转移话题。说话人还可以采用避谈伤心事而多说有趣的、开心的事情以引开受话人注意，改变其情绪状况。这种策略在某种程度上通过对关联原则的违反来体现对方的考虑，这是一种非常间接的同情策略。

例 16：别胡思乱想了，等你病好了，给你休年假去旅游吧。

根据 Spencer-Oatey（2005）对交际权（关联原则）的划分，这里我们可以把表示圈内人，关注策略（询问表示关心、表示合作）等策略归为遵守交际联系权，因为这些策略表明说话人与听话人是统一圈内人以及共同参与分享、分担的愿望。然而表示同情、劝慰，移情策略，表示不相信等则属于遵守交际权的情感联系权，因为这些策略表达了说话人想与听话人分享感情和关注。对听话人或当事人表示赞赏、表示鼓励和乐观遵守的是尊重权，使听话人身份面子得以维护。戏谑、责备和转移话题等策略的运用看似违反了关系管理理论的关联原则(交际权),威胁到听话人的面子,实际上来自汉语的真实意思是要表达关切的一种方式,而且这种策略通常用在关系亲密的说话人之间。

　　同时由表 6-1 我们可以看出,汉语中同情策略主要集中在关注策略和积极劝慰上,分别达到 23%,移情策略和消极劝慰也占有很大的比例,这类言语行为大体上,从礼貌的角度来说属于积极礼貌策略,是说话人为听话人的积极面子或身份面子需要所做出的努力,同时表现了人们对提升和维护和谐人际关系的行为期望和良好互动的交际需求。也就是说,汉语使用者在选取同情策略时,往往从社会人际关系相互依赖的层面去考虑,主要遵守关联原则(交际权),通过"对社交权的管理,维护和提升对话双方的身份面子的需要,也就是说他们从对方获得尊重和认可的需要,达到维护和谐人际关系的目的"(Spencer-Oatey,2005)。

　　从表中我们还可以看出,说话人在同情策略的选择上受社会权势和社会距离的影响。从数据资料来看,说话者在向听话者表示同情时,受到社会距离和社会权势的影响,策略的使用上存在一定程度的差异。在社会距离比较亲近情景中,大部分受试者采取的是移情、关注以及圈内人等策略,强调对对话双方交际权的遵守和双方人际关系的强关联性。在社会距离比较疏远的情景中,更多的是采取劝慰鼓励等关联程度弱些的策略,而且以套话的表达为多,公式化比较强,例如"不要难过了,别伤心了"等等。在涉及社会权势这个变量时,绝大多数受试者对社会地位较高的受话人更多的是运用积极礼貌策略,遵守尊重权,在称呼上采用"您"等敬语,句式上也多采用"请⋯⋯"等公式化的表达,以此来表达对听话人身份面子的尊重。而在下对上的社会关系中,采用的更为多的是关注策略。对调查对象的访谈,也证实了他们在选择表示同情策略时也考虑到地位和亲疏的差异。

## 6.5　同情言语行为的对比分析

　　从以上分析我们可以看出,汉语使用者在同情策略的选择上,倾向于依赖彼此人际关系,喜欢通过关切、询问、鼓励等来表达他们的同情和关切,喜欢采用对听话人表示关联、移情、尊重等积极的礼貌策略达到维护和提升和谐社会关系的目的。而且在表达上比较间接含蓄,很少使用直接同情策略,同时在策略的选择上在一定程度上受到社会距离和社会权势等变量的影响。这些与汉语文化的群体主义取向有一定的关联。这点与 Carmen García 对秘鲁西班牙人对同情言语行为的表达存在相似的地方。但是在汉语使用者中，同情者更多使用关注、劝慰等积极礼貌策略，维护被同情者的面子；西班牙语使用者中，同情者使用尊重等策略的比例比汉语使用者要高，他们更倾向于使用消极礼貌策略来维护听话人的面子。这与各自文化的价值观念有很多大的关联。在汉语这个高语境文化中，维护良好的人际关系是处理冲突时非常重要的因素之一，所以他们喜欢使用关联、移情等策略来加强与别人的关联。

## 本章结语

本章重点以西班牙语使用者表示同情言语行为的特征为参照，较为详细地分析了汉语中同情言语行为的特征，为言语行为的跨文化研究，提供了一定的数据积累和参考。但是由于语料收集条件有限，以及调查研究的深度不够，本次研究还存在一定的局限性，有待今后进一步广泛、深入研究。

# 道歉言语行为的跨文化对比研究

7

日常生活中,与人交往难免说错话,做错事,当我们有意或无意冒犯了听话者时,若能及时认识错误,主动向对方诚恳道歉,这对于修复人际交往的裂痕,缓解紧张的人际关系十分必要,道歉言语行为就起到了缓和及恢复和谐平等的人际关系的作用。道歉言语行为是人们在交际中常见的一种礼貌表达方式,是各文化中所共有的言语行为。但不同文化有其独特的表现形式和特征,而且由于受到不同因素的影响,人们对道歉言语行为的使用和理解也会有一定的差异,因此也会影响到道歉言语行为的礼貌性。过去的三十年间,道歉言语行为一直是语言学,尤其是语用学领域的研究热点之一。许多语言学家对道歉言语行为做了大量的理论和实证的研究。本章在总结前人对道歉行为研究的基础上,通过调查实证,对汉英两种语言中的道歉行为差异进行探讨分析。

# 7.1　道歉言语行为的界定

## 7.1.1　道歉言语行为的定义

道歉作为一种言语行为在社会语用学领域已经成为研究方向之一。如果我们只把那些含有"对不起""抱歉""不好意思"等字眼的话语称为道歉,那么这个定义未免偏于狭隘。Searle 在 Austin 的基础上,讨论了行事行为的十二个区分维度。他把道歉用语归为表达类言语行为。Goffman(1971)把道歉言语行为定为一种补救性的言语行为,冒犯者试图通过道歉来补救不愉快的社交,是恢复和谐社会关系的一剂良药。J. Homes(1995)将道歉定义为:当 A 冒犯了 B,道歉可以被用来维护 B 的面子,并且弥补冒犯的后果,进而恢复 A 与 B 之间的和谐。(A 是道歉者,B 是被冒犯者)Fraser(1981)又补充了这一观点,指出:"只有在两种基本条件成立时,道歉才有可能发生。第一,说话者对自己的举止行为承认负有责任。第二,由于说话者自己的举止行为产生了冒犯对方的后果,说话者因此传递出某种遗憾的信息。"Olshtain(1989)沿用了 Brown 和 Levinson(1978)的观点,认为道歉是一种为受到冒犯的听话者提供支持的言语行为,她将承认有过失和负有责任视为道歉的主要组成部分,并且增加了自我羞辱(self-humiliation)这一组成部分。在她看来,自我羞辱与通常认为的有损面子的举止行为是一致的,因为这与说话者原本正面的形象产生了冲突,因此,自我羞辱是通常认为的有损面子的举止行为的道歉言语行为和礼貌道歉是言语交际行为的一种,属于补救性质的言语行为,在本质也是一种社会行为,目的是保持人们之间的良好的社会关系。进行道歉是一种礼貌的行为,是重视听话人的面子需要的一种言语行为,为的是对一项冒犯行为承担责任,进行补救,恢复正常的社交环境。道歉言语行为和礼貌这一道德意义相联系,也是一种重要的表达礼貌的手段和方式,是人们为了创造融洽、和谐的社会环境而做出的增进社会人际关系有效体现。当我们使用道歉语时,说话人很注重听话人的面子需要,其主要目的就是去维护和提高对方的面子。总之道歉言语行为是一种为了挽救对方面子,协调交际双方关系,实现交际目的,向对方表达歉意,从而维护人际关系的礼貌体现。

## 7.1.2　道歉言语行为的策略分析

关于道歉的策略,Fraser 在其道歉言语行为研究中列出了九种常用道歉策略,包括四种直接道歉策略和五种间接道歉策略。在此基础上,Trosborg 提出了自己的一套道歉策略,包括减轻冒犯程度、承认责任、解释原因、提供补救、承诺克制、表达关心等。但是以上三位学者的道歉策略有很多重复的地方。Olshtain 和 Cohen 在 1983 年将其划分为五种:即直接道歉语(IFID: Illocutionary Force Indicating Device),如:be sorry, apologize, regret, excuse me etc.)、解释原因(an explanation or account)、承认对某事负有责任(an expression of the speaker's responsibility)、提出挽救措施(an offer of repair)、允诺此类过失以后不再发生(a promise of forbearance)。这五种道歉策略在其后的有关道歉言语行为的研究中一直被广泛采用,并且作为编码方案(coding scheme)用于分析各类道歉言语行为。复杂的言语行为如道歉一般由一套约定俗成的方式组成。这些方式往往被本民族语言使用者所熟悉。综合以上道歉策略,概括起来,道歉的方式五大类具体阐释如下:

(1)直接表示道歉。即说话者在这种情况下使用含有诸如"对不起""抱歉""原谅我"等一个词、一个词组或是一句话来表达内心的歉意。如果道歉者觉得有必要的话,表示道歉的程度还可以加强的方式进行。这种加强语气的道歉通常是通过附加一些加强语气的副词来实现的,如:"实在""真的"

"很……""我真的很抱歉!"。

（2）是否承认对某事负有责任。即说话者认识到自己对他人造成了冒犯，道歉者对错误的认识程度的范围有很大的伸缩性，既可以是对造成的冒犯承担全部责任，如:"这全是我的错"，也可以是以较弱的语气表达某种过失，如:"我没有意识到"。当然，也会出现下一种情况，即说话者所犯错误并非故意，如:"我不是有意这么做的"。尽管说话者在语气的诚恳程度上有所不同，但或多或少对所犯的错误表示出承担责任的意向。在有些情况下，道歉者或许根本不愿意承担责任。遇到这种情况，说话者往往表现出对责任的一种推脱，如:"这不是我的错"。更有甚者，说话者反而将矛头指向听话者:"这是你的错"。

（3）解释造成过失的原因。即说话者向听话者解释造成此种过失的背景条件，并且这种解释往往作为一种间接道歉方式。这种间接道歉方式在有些文化背景中可能更易于被人接受，如:在某些交通状况不发达的地方，由于交通原因，出席会议的人因此而迟到，那么"公交车晚点了"。这样的解释就易于被人接受了。

（4）为造成的过失进行挽救。即道歉者由于自己的过失而主动提出弥补的方案以减少过失造成的影响，如:某人与他的一位朋友约会时迟到，他可能会说:"怎么办呢? 这样吧，这个星期六我请你吃晚饭。"而某人如果没法准时赴约，他则可能就会说:"你能不能重新安排一下约会的时间?"

（5）允诺此类过失以后不再发生。即道歉者承诺不会再犯同样的过失，如:"以后再不会这样。"这种方式通常是以特定的条件为前提的，而且相对于以上四种方式来说，发生的频率也较少。

## 7.2　道歉言语行为的国内外研究现状

最初学术界有关道歉的研究关注与补救性交换的形式和功能。之后的学者如 Olshtain（1983）在 Searle 言语行为理论的框架下分别研究了母语和第二语言使用者有关道歉的运用。在这些研究中，Olshtain 分析了以英语为母语和以俄语为母语、同时也是希伯来语学习者的两组人是如何用各自母语道歉以及如何用希伯来语道歉。由此得出结论，在给定的五组道歉言语行为策略的使用中，以英语为母语的人整体显示出较高的使用频率，对于希伯来语学习者来说,使用道歉言语行为的频率总体偏低。Meier(1998)指出,道歉的研究与社会心理学有着必然的联系。其他语言学家如 McLaughlin,O'Hair and Cody 等在道歉策略的使用方面分析了情景因素所产生的效应。之后,Benoit(1995)通过研究公众道歉对此效应进行了广泛地调查。Meier 认为,社会心理学作为理解道歉的手段和渠道的功能不容忽视。

国内关于道歉言语行为的研究开始于本世纪初,其中钱乐奕(2003,2005)对中英道歉言语行为及汉语道歉言语行为的回应等做了较为详细的阐述。汪成慧(2004)对俄汉语交际中的道歉行为与道歉策略也进行了研究,指出社会语用因素和道歉的实施方式是紧密相联的,而社会语用能力则是语言学习者所需要掌握的最重要的策略之一。赵弘(2008)对汉语道歉语的性别差异进行了研究,指出女性更倾向于使用多种道歉策略,通常使用一个基本道歉策略和多个其他道歉策略;而男性则更倾向于使用简单的道歉策略,通常使用一个道歉策略。向菁(2012)从认知语言学的视角分析了原型范畴观下的道歉言语行为,对道歉言语行为的原型范畴特点进行了概括。单文垠(2014)从情感态度的表达分析了日语道歉言语行为。研究显示,除了普遍存在于不同文化语境下的后悔,日语道歉还存在罪恶感、耻感、不安、娇宠等多种情感态度,且不同情感态度的表达会影响判断该道歉是真诚的道歉,还是工具式的道歉。

## 7.3  道歉言语行为研究的问题和方法

### 7.3.1  研究的问题

本次调查旨在找出中英道歉言语行为的异同之处,并且就以下问题进行分析:

①中国人和英国人使用何种道歉方式?

②通过调查分析中国人在使用道歉言语行为时的文化特征。

道歉言语行为的实施可通过言语方式和非言语方式。而在社会交往中,我们更依赖于言语方式。本次调查表的设计以问卷方式对成人的道歉方式进行分析。本次调查表共分为两部分:第一部分包括在八种情景下,冒犯者该如何道歉以及采取何种道歉方式;第二部分为在这八种情景下,接受道歉者对道歉者的道歉会做如何反应。调查表的表述分为汉语和英语两种语言。

### 7.3.2  调查对象

本次调查对象为 24 位母语为英语的英国人，其中男性 14 名，女性 10 名，以及某大学成教 2001 级英语本科 21 名学生（男生 10 名，女生 11 名），以及俄语系 2001 级 19 位同学（男生 11 名，女生 8 名），中国人的调查对象共计 40 位。

### 7.3.3  调查过程与方法

本次针对中国人调查对象的调查是在教室里进行的。被调查者首先填写一些基本的个人信息，如性别、年龄等。在被调查者开始做问卷调查之前，调查者详细介绍问卷的有关情况以及调查的目的，并要求被调查者从真实语境出发实事求是地就问卷提出的每一个问题进行回答。在填写问卷过程中，被调查者须保持安静，不与他人进行交流，并且对填写问卷时间不做要求。调查共持续了 25 分钟。本次调查的英国人问卷是在英国伯明翰市进行的。问卷是以 e-mail 形式发送给笔者在英国留学的一位同学，调查是在她的帮助下完成的。被调查者的职业、年龄各不相同，但都是以英语为母语的成年英国人。

## 7.4  道歉言语行为调查结果分析

### 7.4.1  汉语问卷的分析结果

表 7-1  汉语问卷的分析结果

| 策略 ＼ 情景 | 1 | 2 | 3 | 4 | 5 | 6 | 7 | 8 |
|---|---|---|---|---|---|---|---|---|
| A. 表示道歉 | 38 | 36 | 34 | 26 | 36 | 30 | 34 | 28 |
| B. 是否承认对某事负有责任 | 6 | 4 | 2 | 16 | 6 | 0 | 4 | 0 |
| C. 解释造成过失的原因 | 6 | 32 | 26 | 2 | 14 | 28 | 10 | 18 |

| 情景<br>策略 | 1 | 2 | 3 | 4 | 5 | 6 | 7 | 8 |
|---|---|---|---|---|---|---|---|---|
| D.为造成的过失进行挽救 | 10 | 30 | 32 | 32 | 30 | 6 | 14 | 8 |
| E.允诺此类过失以后不再发生 | 0 | 2 | 2 | 2 | 0 | 0 | 2 | 0 |

注:数字表示五种道歉策略的使用人数。

在情景 1 中,40 位被调查者中有 38 位使用了道歉策略 1,即:表示道歉,是所有 8 组中使用频率最高的。其中说"对不起"的共有 14 位,占 35%;有 4 位调查对象以"不好意思"来表达内心的歉意。只有 2 位使用了道歉策略 2:承认对某事负有责任。因为在他们看来,既然已经对自己的过失行为做了道歉,其实也等于默认了自己对此负有责任,是自己的过错给对方带来了某种程度的冒犯。这在以下的 7 种情景中也是如此,即:道歉者在使用道歉策略 1 的同时很少再使用策略 2 了。在情景中,有 28 位同学对老人表示出关心,使用了诸如"您没事吧""没弄痛您吧""您还好吧"等安慰性问候语。由此可见,由于老人和被调查者之间年龄的悬殊,所有的调查者都认为道歉是必要的,并且大多数人将冒犯的程度视为比较严重的级别。针对这样的过失,有 10 位(占 25%)提出了相应的挽救措施,如"您先上楼""让我扶您上楼吧""要不要送您去医院(诊所)看看"等。在对待老人的称谓上,有 11 位同学使用了"您"的尊称,占受测人数的 55%,也有少数人使用了"老人家"这样的一般性用语。这些都反映了中国人尊敬老人的美德。这里值得一提的是,有 12 位同学使用了加强语气的道歉语,如"实在对不起""真的对不起",来表示内心的愧疚。

在情景 2 和情景 3 中,作为有过错的一方无论是德高望重的教授还是普通的学生,都使用了道歉策略 1,即表示道歉。在情景 2 中,共有 36 位以不同的方式表示了歉意,占总人数的 90%,并且有 32 位对忘记归还学生的论文给予了解释,如"出门匆忙""年龄大,记性差"。其中有 30 位提出了挽救措施,而且挽救的方法也几乎相似,即"下一次我一定带来"或"明天我一定带来"。尽管从社会权势或社会地位的角度看,教授要高于其学生,但他们并没有表现出至高无上或咄咄逼人的一面,而是尽量挽回在学生中可能产生的"教授是个不守信用的人"这类负面影响。所谓有则改之,无则加勉即是这个道理。相比之下,其他两种道歉策略"对某事负有责任"和"此类过失不再发生"的使用人数较少,分别有 4 人和 2 人,各占 10％和 5％。在教授看来,既然表现出道歉的诚意,并且解释了原因和进行了补救,其他两类道歉策略就显得无关紧要了。同样在情景 3 中,道歉者和接受道歉者的位置做了互换,出现的回答和情景 2 类似。其中使用道歉策略 1(表示道歉)、道歉策略 3(解释原因)和道歉策略 4(为造成的过失进行挽救)的人数分别为 34 位(85％),26 位(65％)和 32 位(80％)。在教授面前,学生对自己造成的过失表示出歉意是无可厚非的,倾向于做出了积极的挽救措施,例如"我一会儿回宿舍就拿回来""我现在就回去拿""下午一定带来"。这些不同的补救措施和情景 2 中教授的回答千篇一律轻描淡写的口吻有显著不同。处于学生(即道歉者)的地位,学生都表示出了在尽可能短的时间里挽回过失所造成的影响这种迫切的心态。

在情景 4 中,服务员作为有过错的一方,无论是他的身份还是地位,都明显处于弱势一方,尤其是在五星级饭店工作时,用餐的客人从某种角度来说,都应该享受完美周到的服务。当服务员的失误给顾客带来不愉快时,顾客理所当然首先面对的是服务员的道歉。然而在所设计的情景 4 中,使用道歉策略 1 的仅有 26 人,占 65％。这似乎有些出人意料,为什么有近一半的服务员不愿意表示歉意呢? 如果我们对问卷进行分析,不难发现,服务员之所以拒绝道歉,正是和他的身份和地位紧密相连的。在没有使用道歉策略 1 的人中,服务员普遍采用了逃避责任、避重就轻或是自我开脱的方式,如"……不过这是本店新推出的三明治,要不您尝一下""……我走错房间了,你们的食物马上送来""不介意的话,这三明治当我邀请你们吃的,等一会儿我会把牛排送过来"。通过这些回答,我们可以看出服务员是在尽力挽回送错菜肴这类失误所造成的影响。通常情况下,如果顾客对服务员的过失产生不满因而导致投诉酒店的行为,那么这一后果对服务员自身的影响是极其严重的。为了不使这类让顾客和服务员都不愉快的事情发生,服务员更多地是采用了自我开脱的方式来转移顾客可能产生的不满情绪,以达到缓和气氛的目的。

在所有设计的问题中,情景 5 的回答颇耐人寻味。这是因为和其他情景相比,有 10 位同学(占 25％)使用了 sorry 一词来表示自己的道歉。中国作为一个日益开放的国家,与世界接轨的步伐越来越快,英语已在中国人的工作学习中起着越来越大的作用。日常生活中,已经有许多人开始用英语来代替一些诸如"再见""你好"之类的汉语日常用语。因此在情景 5 中,朝夕相处的同学之间有了一点小摩擦,一方影响到了另一方,sorry 一词很自然地就成了一种道歉语了。其实,如果我们留意的话,sorry 在中国人之间的使用频率相当高,尤其是在青少年中间。因此在情景 5 中有 1/4 的人使用了英语的道歉语 sorry 也就不足为奇了。

这里值得一提的是情景 8 中的回答。作为过错方的人事经理在表示道歉的同时,又给予面试者适度的少许赞扬,"你是一个很有耐心的人"(14位,35%),作为可能决定面试者职业命运的人事经理,他在社会权势上远远高于应聘的人,但作为过失的制造者,他还是表现出应有的大度和自我修养。那些赞许之词在笔者看来,应该是对面试者的一种非直接的挽救方式。这样做的目的无非是打消面试者心中可能残留的不满或是焦虑的情绪,从而挽回在应聘者当中所造成的不良影响。

## 7.4.2 英语问卷的分析结果

**表 7-2 英语问卷的分析结果**

| 情景<br>策略 | 1 | 2 | 3 | 4 | 5 | 6 | 7 | 8 |
|---|---|---|---|---|---|---|---|---|
| A. 表示道歉 | 24 | 20 | 16 | 24 | 22 | 24 | 20 | 24 |
| B. 是否承认对某事负有责任 | 2 | 0 | 0 | 0 | 0 | 0 | 6 | 0 |
| C. 解释造成过失的原因 | 2 | 10 | 10 | 0 | 6 | 2 | 0 | 8 |
| D. 为造成的过失进行挽救 | 0 | 10 | 12 | 18 | 12 | 0 | 6 | 0 |
| E. 允诺此类过失以后不再发生 | 0 | 0 | 0 | 0 | 1 | 0 | 0 | 0 |

注:数字表示对五种道歉策略的使用人数。

在所有调查的以英语为母语的英国人中,他们使用道歉的策略和中国人相比有些不同之处。例如在情景 1 中,所有的被调查者都使用了道歉策略 1。这和中国学生的 95% 的使用频率相比几乎无差异。而且有 12 人都关切地询问自己的过失是否给对方造成了不良后果。他们普遍使用了如"Are you alright?""Are you ok?"的话语来表达内心的不安和歉意。和中国人的回答形成鲜明对比的是,在 24 例问卷中,没有一人使用了道歉策略

4，即：对造成的过失进行挽救。而中国的调查对象却有 10 位（25％）提出了弥补措施。这也许正是汉英两种文化的差异造成的。中国是礼仪之邦，老年人是受尊敬的对象，因此在由于自我过失给长辈造成一定后果时中国人往往会积极主动地采取适当方式来尽量减少给对方带来的不良影响。然而在有着良好礼节的英国，人们似乎在对待老年人的态度上稍逊于我们国人。

在情景 2、情景 3、情景 4、情景 5、情景 7、情景 8 中，英国人使用道歉策略的方法和频率与中国人相似，都是在表示道歉的基础上要么对自我过失解释原因，要么采取一些弥补措施来缓解自己给对方造成的冒犯。

而在情景 6 中，下属和上司用餐时不停地打喷嚏，对于自己的行为可能给对方带来的不快，有 20 人（占 83％）使用了 excuse me 来表达自己的歉意，几乎占到了被调查者的全部。由此看来，之所以使用 excuse me 而非 sorry，是因为打喷嚏本身并没有给对方带来实际上的一种冒犯，下属同时也认为这一行为本身自己是无过失而言的，只是由于一些外在的因素如感冒所引起的，道歉者本身也对此无法加以控制。正如《牛津现代高级英汉双解词典》（1989：526，山西人民出版社）所注解的，excuse me 是在欲引起某人的注意，或在做可能影响他人的事（如打扰、从人群中挤过去、不同意某种观点）时使用。而 sorry 用于向某人表示歉意，在美国英语中 excuse me 则表示歉意。由于本次调查对象为英国人，所以被调查者在情景 6 中频繁用 excuse me 则是无可厚非了。

## 7.5　汉英道歉言语行为差异及成因分析

本次调查旨在研究中国人与英国人如何使用道歉言语行为，同时对两种不同文化背景下的道歉策略差异进行分析。以上调查显示，汉语表示道歉的用语中，使用频率最多的是"对不起"，其次为"抱歉""不好意思""（希望）请（你）原谅"及"（我）道歉"，其次是道歉策略 3，解释事情发生的原因。而英语中 sorry 的使用次数最高，apology/apologies 的使用位居第二，其次为 excuse me，forgive me 和 pardon me/I beg your pardon。在五种道歉策略中，道歉策略（即表示道歉）的使用频率高。同时在表示道歉时，中国人更注重加强自己的道歉语气以避免冲突，而英国人的道歉则注重自己的行为是否给对方带来了实际的冒犯，当然，即使是某些外力的因素，双方都会积极主动地表示出内心的歉意。因此,道歉作为一种言语行为,由于一方的过失或是给另一方造成的冒犯,其使用有着很大的弹性,在不同的场合下,说话者和听话者也会根据社会距离、社会权势、冒犯的程度和道歉的必要性四个因素而采取不同的道歉方式。这些也是受深层次的文化方面的因素影响而造成的。

中国是强语境文化,重视集体的和谐,人际关系的紧张和对立会受到舆论的谴责,且中国人很重视面子,交际信息更多的是蕴涵在心理环境和外界环境中,人们强调"意会"。(贾玉新,1997)在中国文化中,人们常常采取预防措施避免人际交往中冲突的发生,一般不轻易冒犯他人,道歉的频率不是很高。但是一旦冒犯发生,人们就采用直接道歉策略,即道歉策略1,表示道歉,来避免更大的冲突和冒犯,以及策略3,解释事情发生的原因,表明自己并未故意冒犯,而且很多情况是两种策略共同使用的。这与强语境文化中的价值取向也有很大的关系。强语境文化中,集体的利益是大于个人利益的,当众不同意别人的意见或冒犯别人,是与集体利益相违背的,会损害双方的面子,所有中国人喜欢用直接表示道歉的策略来维护双方的面子。

英语文化是弱语境文化,强调个人主义,重视个人意见和差异,适当程度的冲突被看作是积极的行为,在交际中免不了冲突或冒犯对方,人们可从语码中清晰明了地获取信息,注重"言传"。所以,英语文化中,道歉的频率一般是比较高的。在道歉中,他们习惯于直接表示道歉,并表示对造成的过失加以挽救。这个弱语境文化中,看重个人利益,有个人区域概念,重视个人隐私和权利,与他人的自由的价值取向有很大关系。

此外,从汉英道歉言语行为策略使用的分布情况来看,在汉语中,邀请策略的使用受社会距离和社会权势等因素的影响比较大,而英语中,受这些因素影响相对较小。这可能与两种不同社会结构有关,中国社会的结构是差序格局,重视维护等级和谐的机制,而英语国家是平行社会结构,重视维护平等关系的机制。

## 本章结语

本章根据调查收集的数据,对汉英文化中道歉言语行为的使用策略进行了跨文化的比较与分析,旨在揭示蕴涵其中的文化价值,并证明文化价值观在言语行为的实施方面起着不可忽视的作用。道歉言语行为存在于不同的文化背景、不同的语言交际中。在进行跨文化交际时,必须认识到语言背后巨大的文化背景,才能保证语言沟通的顺畅性。掌握不同语言情境下道歉用语的使用差别,明确文化的差异性,有利于推进不同地域文化之间的紧密交流,对造成差异的文化因素进行探析,以引起外语学习者对语言和文化差异的重视,进而更准确合理地使用道歉用语。尽管在调查对象的范围上存在一定的局限性,调查问卷的设计可能存在不可避免的缺点,但是我们可以根据这些数据发现一些始料未及的现象,为道歉言语行为的研究提供可参考的信息和数据。

# 参考文献

[1] 曹钦明.汉语邀请行为的语用研究[D].广州:暨南大学,2005.

[2] 程鸣.汉英请求言语行为策略的对比研究[J].太原城市职业技术学院学报,2008(6).

[3] 陈庆芝.言语行为理论及其意义观研究[D].广州:华南师范大学,2007.

[4] 陈融.面子·留面子·丢面子[J].外国语,1986(4).

[5] 陈正红.近十年我国言语行为理论的应用研究综述[J].当代教育理论与实践,2013(9).

[6] 范立彬,王春侠.浅谈中英表达同情方式的文化差异性[J].吉林师范大学学报(人文社会科学版),2009(1).

[7] 付习涛.言语行为理论研究综述[J].求索,2004(6).

[8] 桂诗春,宁春岩.语言学方法论[M].北京:外语教学与研究出版社,1997.

[9] 郭欢.冲突性话语中的面子和社交权[D].郑州:郑州大学,2013.

[10] 戴炜栋,等.现代英语语言学概论[M].上海外语教育出版社,1997.

[11] 顾曰国.礼貌、语用与文化[J].外语教学与研究,1992(4).

[12] 关世杰.跨文化交流学[M].北京:北京大学出版社,1996.

[13] 韩煜韬.汉语请求言语行为研究[D].长春:东北师范大学,2012.

[14] 何文婷.跨文化视角下英汉请求言语行为对比研究[J].内蒙古农业大学学报(社会科学版),2010(1).

[15] 何兆熊.新编语用学纲要[M].上海:上海外语教育出版社,2000.

[16] 侯燕芳.浅析面子保全论及面子维护策略[J].学术论坛.2010(9).

[17] 黄楚芬.试析塞尔的言语行为与指称论[D].重庆:西南师范大学,2005.

[18] 姜丽莉.基于 Hofstede 文化维度理论框架下的英汉言语行为对比:请求和拒绝[D].烟台:鲁东大学,2013.

[19] 姜丽莉.英汉请求言语行为的跨文化对比研究[J].文学教育,2012

(12).

[20] 姜琪瑶.中美家庭内部请求言语行为的对比研究[J].时代文学,2014
(12).

[21] 贾玉新.跨文化交际学[M].上海：上海外语教育出版社,1997.

[22] 雷玉兰.面子理论[J].长春理工大学学报(社会科学版),2008(1).

[23] 廖素清.英汉"请求"言语行为策略的对比研究[J].宿州教育学院学
报,2007(8).

[24] 廖迅乔.对礼貌原则的再思考[J].外国语言文学,2005(3).

[25] 凌来芳.中英请求言语行为策略选择之比较[J].合肥工业大学学报
(社会科学版),2003(10).

[26] 凌来芳.汉语中邀请话头的研究[J].重庆工学院学报(社会科学版),
2006(9).

[27] 凌来芳. 人际关系管理视阈下的同情言语行为[J].合肥工业大学学报
(社会科学报),2010(4).

[28] 凌来芳.邀请言语行为的对比研究[J].重庆理工大学学报(社会科学
版),2011(5).

[29] 李成团. 中日美命令/请求言语行为回应中关系管理与身份构建的对
比研究[J]. 外语与外语教学,2013(2).

[30] 李厚业. 中西文化中的礼貌探究[D].黑龙江:黑龙江大学,2007.

[31] 李敬科. 中美邀请言语行为对比研究[J].江西金融职工大学学报,
2006(6).

[32] 李军. 汉语邀请行为的话轮结构模式分析[J].语言文字应用,2011
(11)

[33] 李君文.东西方文化价值观念对比与分析[J].外语研究,2000(1).

[34] 李柯平. 论"请求"言语行为[J].湖南医科大学学报(社会科学版),
2002(2)

[35] 李力. 道歉言语行为对比研究[J].长春师范学院学报(人文社会科学
版),2012(11).

[36] 李婷. 言语行为理论研究评析[J].文教资料,2009(9).

[37] 刘陈艳.中国英语学习者请求言语行为的语用研究[D].上海:上海外
国语大学,2013.

［38］刘欢.英汉请求言语行为的跨文化对比研究［D］.齐齐哈尔:齐齐哈尔大学,2012.

［39］刘润清.关于 Leech 的"礼貌原则"［J］.外语教学与研究,1987(2).

［40］刘晓玲.人际关系管理理论视角下《红楼梦》委婉语用研究［D］.上海:上海外国语大学,2011.

［41］刘自强."邀请"言语行为分析［J］.淮北煤炭师范学院学报(哲学社会科学版),2007(12).

［42］卢小军.也谈礼貌的相对性［J］.上饶师范学院学报,2011(8).

［43］陆莹.汉语中非真诚邀请行为的语用研究［D］.广州:广东外语外贸大学,2008.

［44］马月兰.中美拒绝语策略共性比较研究［J］.西安外国语学院学报,2000(2).

［45］孟荣新.英汉请求言语行为对比分析［J］.当代教育与文化,2011(9).

［46］钱乐奕.中英道歉言语行为之比较［J］.合肥工业大学学报(社科版),2003(10).

［47］曲卫国,陈流芳.也谈"Please",也谈"请"——与刘绍忠先生商榷［J］.外国语,2001(4).

［48］沈志.汉英请求言语行为的跨文化对比研究［J］.辽宁:辽宁大学,2006.

［49］沈志.请求言语行为面面观［J］.广西大学学报,2008(5).

［50］宋安琪.留学生使用汉语邀请言语行为的情况分析［D］.广州:暨南大学,2008.

［51］孙俊豪.请求言语行为与社会距离变化的互动关系研究［J］.周口师范学院学报,2010(7).

［52］孙琪.论汉语中的虚假邀请言语行为［J］.西安社会科学,2009(11).

［53］孙淑芳.塞尔言语行为理论综述［J］.解放军外国语学院学报,1999(1).

［54］孙晓曦.美国大学生汉语"请求"言语行为能力研究［J］.世界汉语教学,2008(3).

［55］苏文妙.文化价值观与交际风格——英汉请求言语行为对比研究［J］.西安外国语学院学报,2003(1).

[56] 王爱华.英汉拒绝言语行为表达模式调查[J].外语教学与研究,2001(3).

[57] 王建华.礼貌的相对性[J].外国语,1998(3).

[58] 王建华.情态动词与礼貌层级[J].福建外语,1997(4).

[59] 王娴贤.Leech礼貌原则的适用性[J].河北理工大学学报(社会科学版),2010(9).

[60] 王茵草.辨析美国人的"真""假"邀请[J].外语研究,2006(1).

[61] 文兵,汉英维护言语行为—— 一项以现代戏剧为语料的语用对比研究[D].上海外国语大学,2010(5).

[62] 吴珏.英汉道歉及回应策略研究[J].大连海事大学学报(社会科学版),2015(2).

[63] 谢朝群.语言礼貌研究的现状及其存在问题[J].山东外语教学,2006(1).

[64] 谢贤德."面子保全论"述评[J].淮北煤师院学报(社会科学版),1997(2).

[65] 熊学亮.也谈礼貌原则[J].四川外语学院学报,2002(3).

[66] 薛秋宁.留学生实施汉语请求言语行为调查及习得研究[D].广州:暨南大学,2005.

[67] 徐静姝.礼貌新解:人际关系管理理论[J].宜宾学院,2009(10).

[68] 徐盛桓.礼貌原则新拟[J].外语学刊,1992(2).

[69] 杨丽,赵华威.合作原则视域下的汉英道歉用语对比分析[J].齐鲁师范学院学报,2016(2).

[70] 杨雯.人际关系管理理论[J].文教资料,2016(1).

[71] 姚舜霞,邱天河.英汉请求言语行为策略类型对比初探[J].平顶山师专学报,2003(3).

[72] 俞德海.英汉请求言语行为比析[J].福建省社会主义学院学报,2011(5).

[73] 于秀成.汉语非真诚性邀请行为的语用特征[J].外语与外语教学,2010(4).

[74] 章赪.中西方邀请言语行为的对比研究[J].知识窗,2015(12).

[75] 张换成.从邀请行为中看礼貌[J].湖北广播电视大学学报,2011(1).

[76] 张洁. 跨文化交际中的中美"请求"言语行为之对比[J]. 漳州师范学院学报(哲学社会科学版),2009(3).

[77] 张静怡. 中国大学生不礼貌现象实证研究[J]. 赤峰学院学报(自然科学版),2013(8).

[78] 张巨文. 移情话语策略的顺应理论分析[J]. 郑州大学学报(哲学社会科学版),2007(4).

[79] 张蕊. 国内"邀请"言语行为研究述评[J]. 淮北煤炭师范学院学报(哲学社会科学版),2010(12).

[80] 张绍杰,王晓彤."请求"言语行为的对比研究[J]. 现代外语,1997(3).

[81] 张晓婷. 从请求言语行为探微 DCT 与 MCQ 效度[D]. 成都:西南交通大学,2008.

[82] 张佐成. 英语中礼貌请求的语言表达[J].湘潭师范学院学报,2000(1).

[83] 赵亮. 塞尔言语行为理论探析[D]. 重庆:西南大学,2009.

[84] 赵英玲. 虚假邀请言语行为语用研究[J]. 哈尔滨工业大学学报(社会科学版),2004(7).

[85] 赵卓嘉. 面子理论研究评述[J]. 重庆大学学报(社会科学版),2012(5).

[86] 钟守满. 近50年来"言语行为"理论研究的发展与反思[J]. 江西教育学院学报(社会科学版),2004(8).

[87] 周利娟. 再谈合作原则、礼貌原则及关联原则[J]. 外语学刊,2000(1).

[88] 邹俊秀. 中韩邀请言语行为的对比研究[J]. 科教导刊,2015(3).

[89] 祝小军. 跨文化交际中西方邀请言语行为对比研究[J]. 学术论坛,2011(10).

[90] 朱勇. 留学生"请求"言语行为的语用水平调查[J]. 对外汉语教学研究,2005(9).

[91] Austin J L. How to do things with words [M]. Oxford：Clarendon Press，1962.

[92] Barna L M. Stumbling blocks in interculultral communicaion[A]. In intercultural communication：A reader [C]. Eds. Larry A. Samo-

varand Richard E. Porter. WadswarthInc. , 1988.

[93] Beebe Leslie, Tomoko Takahashi, Uliss-Weltz R. Pragmatic transfer in ESL refusals[A]. On the development of communicative competence in a second language[C]. Ed. R. Scarcel-la, E. Anderson and S. D. Krashen. Cambridge, MA: NewburyHouse. 1990.

[94] Blum-Kulka S, House J, Kasper G. eds. Cross-cultural pragmatics: requests and apologies [C]. Norwood, NJ: Ablex, 1989.

[95] Blum-Kulka S, Olshtain E. Requests and apologies: A cross-cultural study of speech act realization patterns (CCSARP)[J]. Applied Linguistics,1984(5).

[96] Blum-Kulka S. You don't touch lettuce with your fingers: Parental politeness in family discourse [ J ]. Journal of Pragmatics, 1990 (14).

[97] Brown P, Levinson S. Universals in language usage: Politeness phenomena [A]. E. N. Goody (ed. ). Questions and politeness: Strategies in Social Interaction[C]. Cambridge: Cambridge University Press,1978.

[98] Brown P, Fraser C. Speech as a marker of situation[A]. Social markers in Speech[C]. Ed. K. Scherer and H. Giles. Cambridge: Cambridge University Press,1979.

[99] Carmen Garcı'a. "Cuente conmigo": The expression of sympathy by peruvian Spanish speakers[J]. Journal of Pragmatics,2010(42) .

[100] Chen Xing, Lei Ye, Yanyin Zhang. Refusing in Chinese [A]. Pragmatics of Chinese as a native and target language[C]. Ed. G. Kasper. Honolulu: University of Hawai' i Press,1995.

[101] Ervin-Tripp S. Is Sybil there? The structure of some American English directives[J]. Language in Society,1976 (5).

[102] Fraser Bruce. Perspectives on politeness[J]. Journal of Pragmatics, 1990 (14-2).

[103] Gass S M, Houck N. Inter-language refusals[M]. Berlin: Mouton de Gmyter,1999.

[104] Hancher M. The classification of cooperative illocutionary acts[J]. Language in society,1979(8).

[105] Helen Spencer-Oatey. Rapport management: a framework for analysis. Culturally speaking. Managing rapport through talk across cultures. [M]. Continuum, London, (Ed. ),2000.

[106] Helen Spencer-Oatey. Politeness, face and perceptions of rapport: unpackaging their bases and interrelationships[J]. Journal of Politeness Research,2005(2).

[107] Homels J. Women, men and politeness [M]. London and New York: Longman Group Limited,1995.

[108] John Searle R. Expression and meaning: Studies in the theory of speech acts[M]. Beijing: Foreign Language Teaching and Research Press,2001.

[109] Leech G N. Principles of pragmatics [M]. London and NewYork: Longman,1983.

[110] Liao Chao-chih,Lii-shih Yu-hwei. Refusal in Madarin Chinese[P]. Paper Presented at the 4th International Pragmatics Conference, Kobe, Japan,1993.

[111] Mao L R. Beyond politeness theory: "Face" revisited and renewed". Journal of pragmatics[J],1994(21).

[112] Matsumoto Y. Reexamination of the universality of face : Politeness phenomena in Japanese [J].Journal of Pragmatics,1988(12) .

[113] Nelson G L,Carson J. Cross-cultural pragmatics: Strategy use in egyptian arabic and American English refusals [J]. Applied Linguistics,2002(23).

[114] Owen, Marion. Apologies and remedial interchanges: A study of language use in social interaction[M]. New York: Mouton,1983.

[115] Rubin Joan. How to tell when someone is saying "No"[A]. Revised sociolinguistics and language acquisition[C]. Ed. N. Wolfson and E. Judd. Rowley, MA: Newbury House,1983.

[116] Searle John R. Expression and meaning[M]. Cambridge: Cam-

bridge UP,1979.

[117] Searle John R. Speech acts: An essay in the philosophy of language [M]. Cambridge: Cambridge UP,1969.

[118] Sifianou M. Politeness phenomena in England and Greece: A cross-cultural perspective [M]. Oxford: Clarendon Press, 1992.

[119] Stewart E C,Bennett M J. American cultural patterns: A cross-cultural perspective [M]. USA: Intercultural Press, Inc. ,1991.

[120] Thomas Jenny. Meaning in interaction: an introduction to pragmatics[M]. London and New York: Longman,1995.

[121] Trosborg Anna. Inter-language pragmatics: Requests, complaints and apologies[M]. New York: Berlin,1995.

[122] Turnbull William,Karen Saxton L. Modal expressions as face work in refusals to comply with requests: I think I should say 'No' right now[J]. Journal of Pragmatics,1997(27).

[123] Ueda Keiko. Sixteen ways to avoid saying no in Japan[A]. Intercultural encounters with Japan[C]. Ed. J. Conden and M. Saito. Tokyo: Simul Press,1974.

[124] Wolfson N. Sociolinguistics and TESOL: Perspectives[M]. Newbury House Publishers,1989.

[125] Yong Crosstalk L. Culture in sino-American communication[M]. Cambridge : Cambridge University Press,1994.

# 后　记

　　言语行为与社会交际之间存在着密切的联系。自 Austin 提出言语行为理论之后，随着研究视角的扩大，语境、社会和文化因素进入了言语行为研究的范围，多元语言环境下和跨文化交际中的言语行为使用情况受到了越来越多的关注。本书以跨文化对比为出发点，阐释了言语行为以及言语礼貌相关理论，并在实证调查的基础上，以对比、比较和解释为主要方法，从不同文化背景中言语行为的表现形式、特点、影响因素等方面，来分析日常交际中典型的几种言语行为的文化共性及差异，借此来探讨言语、文化与礼貌之间的关系。通过调查发现不同文化对具体语境恰当的言语行为有着不同的预期，说话双方在交际过程中，人们往往会采取不同的言语行为策略，努力调节他们之间的人际关系，礼貌理论对于解释不同文化中言语交际中的人际关系问题还是存在一定的局限性。

　　随着科技的进步与经济全球化，人们之间的交际也逐渐向跨文化、多种文化的方向发展，不恰当的言语行为会导致跨文化人际交流的失败。言语行为会因群体的不同文化价值观、传统以及思维方式等有所差异，这为交际带来了困难，意识到这些差异之处对于我们认识交际活动和改善交际状况十分重要。通过对不同文化环境中言语行为的使用情况的对比研究，对跨文化交际的顺利进行以及语言学研究有着重要的意义，可以获取有关跨文化交际中人际关系管理的很多有价值的信息，同时从不同文化角度完善言语行为的研究，有助于扩大跨文化语用学领域目的语的研究范围。本书在这方面进行了一些粗浅的尝试，收集了不少相关的语料，并进行了对比分析，虽然在方法和范围上，还存在很多不足和局限性，但在一定程度上可以给跨文化语用学研究提供一些实证的语言素材和经验。最后，希望本书能给语用学研究的爱好者们提供一些有益的参考。

凌来芳

2016 年 5 月